金陵全書

甲編·方志類·縣志

弘治句容縣志（一）

（明）王僖 修
程文 纂輯

南京出版社
南京出版傳媒集團

圖書在版編目（CIP）數據

弘治句容縣志 /（明）王僖修；（明）程文纂輯. --
南京：南京出版社，2020.10
（金陵全書）
ISBN 978-7-5533-2805-8

Ⅰ. ①弘… Ⅱ. ①王… ②程… Ⅲ. ①句容 - 地方志 - 明代 Ⅳ. ①K295.34

中國版本圖書館CIP數據核字（2020）第018748號

書　　名　【金陵全書】（甲編・方志類・縣志）
　　　　　弘治句容縣志
編 著 者　（明）王僖 修；（明）程文 纂輯
出版發行　南京出版傳媒集團
　　　　　南 京 出 版 社
　　　　　社址：南京市太平門街53號　　郵編：210016
　　　　　網址：http://www.njcbs.cn　　電子信箱：njcbs1988@163.com
　　　　　聯系電話：025-83283893、83283864（營銷）　025-83112257（編務）

出 版 人　項曉寧
出 品 人　盧海鳴
責任編輯　楊傳兵
裝幀設計　楊曉崗
責任印製　楊福彬

製　　版　南京新華豐製版有限公司
印　　刷　南京凱德印刷有限公司
開　　本　889毫米×1194毫米　1/16
印　　張　53.5
版　　次　2020年10月第1版
印　　次　2020年10月第1次印刷
書　　號　ISBN 978-7-5533-2805-8
定　　價　1600.00元（全二冊）

南京出版社
圖書專營店

總序

南京，古稱金陵，中國著名的四大古都之一，是國務院首批公佈的國家歷史文化名城。

南京有着六十萬年的人類活動史，近二千五百年的建城史，約四百五十年的建都史，享有『六朝古都』『十朝都會』的美譽。南京歷史的興衰起伏在某種程度上可以説是中國歷史的一個縮影。在中華民族光輝燦爛的歷史長河中，古聖先賢在南京創造了舉世矚目、富有特色的六朝文化、南唐文化、明文化和民國文化，爲中華民族文化的傳承和發展作出了不朽貢獻。然而，由於時代的遞遷、戰争的破壞以及自然的損毁等原因，歷史上南京的輝煌成就以物質文化形態留存下來的相對較少，見諸文獻典籍的則相對較多。南京文獻内涵廣博，卷帙浩繁，版本複雜。截至一九四九年中華人民共和國成立，南京文獻留存下來的有近萬種，在全國歷史文化名城中名列前茅。以六朝《世説新語》《文心雕龍》《昭明文選》，唐朝《建康實録》，宋朝《景定建康志》《六朝事迹編類》，元朝《至正金陵新志》，明朝《洪武京城圖志》《金陵古今圖考》《客座贅語》，清朝《康熙江寧府志》《白下瑣言》，民國《首都計劃》《首都志》《金陵古蹟圖考》等爲代表的南京地方文獻，不僅是南京文化的集中體現，也是中華民族優秀傳統文化的重要組成部分。這些南京文獻，積澱貯存了歷代南京人民的經驗和智慧，翔實地反映了南京地區的社會變遷，是研究南京乃至全國政治、經濟、軍事、文化、外交和民風民俗的重要資料。

歷史上的南京文化輝煌燦爛，各類圖書典籍琳琅滿目。迄今爲止，南京文獻曾經有過三次不同程度的整理。

第一次是距今六百多年前的明朝永樂年間，明朝中央政府在南京組織整理出版了《永樂大典》。《永樂大典》正文二萬二千八百七十七卷，凡例和目録六十卷，分裝成一萬一千零九十五册，總字數約三億七千萬字。書中保存了中國上自先秦、下迄明初的各種典籍資料達七八千種，是中國古代最大的類書。

第二次是民國年間，南京通志館編印了一套《南京文獻》。《南京文獻》每月一期，從一九四七年元月至一九四九年二月共刊行了二十六期，收入南京地方文獻六十七種，包括元明清到民國各個時期的著作，其中收録的部分民國文獻今天已經成爲絶版。

第三次是二〇〇六年以來，南京出版社選取部分南京珍貴文獻，整理出版了一套《南京稀見文獻叢刊》點校本，到二〇二〇年，已經出版了六十九册一百零五種，時代上起六朝，下迄民國，在學術普及方面作出了一定的貢獻。

中華人民共和國成立以來，尤其是改革開放以來，南京的政治、經濟、文化建設飛速發展，但南京文獻的全面系統整理出版工作一直没有得到應有的重視，這與南京這座國家歷史文化名城的地位頗不相稱。據調查，目前有關南京的各類文獻主要保存在南京圖書館、南京市檔案館，以及全國各地的高等院校、科研院所、圖書館、檔案館、博物館，少數流散於民間和國外。一方面，廣大讀者要查閲這些收藏在全國各地的南京文獻殊爲不便；另一方面，許多珍貴的南京文獻隨着歲月的流逝而瀕臨損毁和失傳。南京文獻的存史、資治、教化、育人功能没有得到應有的發揮。

盛世修史（志）。在中華民族和平崛起和大力弘揚民族傳統文化、全力發展民族文化事業的大背景下，在建設『文化南京』的發展思路下，中共南京市委、南京市人民政府於二〇〇九年十二月作出决定，將南京有史以來的地方文獻進行全面系統的匯集、整理和影印出版，輯爲《金陵全書》（以下簡稱《全書》），以更好地搶救和保護鄉邦文獻，傳承民族文化，推動學術研究，促進南京文化建設；同時，也更爲有効地增加南京文獻存世途徑，提昇南京文獻地位，凸顯南京文獻價值。

爲編纂出能够代表當代最高學術水平和科技成就，又經得起時間檢驗的《全書》，我們將編纂工作分成三個階段進行。第一個階段爲調研階段，主要對南京現存文獻的種類、數量、保存現狀以及收藏地點等進行深入細緻的調研，召集專家學者多次進行學術論證和可操作性論證，撰寫出可行性調查報告，爲科學決策提供依據，此項工作主要由中共南京市委宣傳部和南京出版社組織完成。第二個階段爲啓動階段，以二〇〇九年十二月二十四日召開的『《金陵全書》編纂啓動工作會』爲標志，市委主要領導親自到會動員講話，市委宣傳部對《全書》的編纂出版工作作了明確部署。在廣泛徵求專家學者意見的基礎上，確定了《全書》的總體框架設計，確定了將《全書》列爲市委宣傳部每年要實施的重大文化工程，確定了主要參編責任單位和責任人，並分解了任務。第三個階段爲編纂出版階段，主要在全國範圍内進行資料的徵集、遴選和圖書的版式設計、複製、排版及印製工作。

爲了確保《全書》編纂出版工作的順利進行，中共南京市委、南京市人民政府成立了專門的編纂出版組織機構。其中編輯工作領導小組，由中共南京市委、市政府領導以及相關成員單位主要負責人組成；《全書》的編纂出版工作由市委宣傳部總牽頭；學術指導委員會，由蔣贊初、茅家琦、梁白泉等一批全國著名的專家學者組成，負責《全書》的學術審核和把關。

《全書》分爲方志、史料、檔案和文獻四大類。自二〇一〇年起，計劃每年出版四十册左右。鑒於《全書》的整理出版工作難度較大，周期較長，在具體操作中，我們採取了分工協作的方式。市委宣傳部和南京出版社負責《全書》的總體策劃，其中方志部分，主要由南京市地方志編纂委員會辦公室和南京出版傳媒集團·南京出版社共同承擔；史料和文獻部分，主要由南京圖書館承擔；檔案部分，主要由南京市檔案局（館）承擔。《全書》的編輯出版，得到了江蘇省文化廳、江蘇省新聞出版局、江蘇省檔案局（館）、南京大學、南京圖書館、南京市文廣新局、南京市社科聯（社科院）、南京市文聯、金陵圖書館以及各區委宣傳部和地方志辦公室等單位及社會各界的熱情鼓勵和大力支持，尤其是得到了中國國家圖書館和全國各地（包括港臺地區）高等院校、科研院所、圖書館、檔案館、博物館等藏書單位的鼎力相助，在此表示深深的謝意！

我們相信，在中共南京市委、南京市人民政府的長期不懈支持下，在各部門、各單位的積極配合和衆多專家學者的共同努力下，這項功在當代、利在千秋的傳世工程一定能够圓滿完成。

《金陵全書》編輯出版委員會

凡例

一、《金陵全書》（以下簡稱《全書》）收録的南京文獻，分爲方志、史料、檔案和文獻四大類。

二、《全書》按上述四大類分爲甲、乙、丙、丁四編，以不同的封面顏色加以區分；每編酌分細類，原則上以成書時代爲序分爲若幹册，依次編列序號。

三、《全書》收録南京文獻的地域範圍，包括了清代江寧府所轄上元、江寧、句容、溧水、高淳、江浦、六合。

四、《全書》收録的南京文獻，其成書年代的下限爲一九四九年。

五、《全書》收録方志、史料和文獻，盡量選用善本爲底本。《全書》收録的檔案以學術價值和實用價值較高爲原則，一般選用延續時間較長、相對比較完整的檔案全宗。

六、《全書》收録的南京文獻底本如有殘缺、漫漶不清等情況，必要時予以配補、抽換或修描，以保證全書完整清晰；稿本、鈔本、批校本的修改、批注文字等均保留原貌。

七、《全書》收録的南京文獻，每種均撰寫提要，置於該文獻前，以便讀者了解其作者生平、主要内容、學術文化價值、編纂過程、版本源流、底本採用等情况。

八、《全書》所收文獻篇幅較大時，分爲序號相連的若幹册；篇幅較小的文獻，則將數種合編爲一册。

九、《全書》統一版式設計，大部分文獻原大影印；對於少數原版面過大或過小的文獻，適當進行縮小或放大處理，並加以説明。

十、《全書》各册除保留文獻原有頁碼外，均新編頁碼，每册頁碼自爲起訖。

提要

《弘治句容縣志》十二卷，明王僖修，程文纂輯。

王僖，字太和，浙江長興人，弘治初由舉人為句容知縣，守廉勤政，存心愛民。下車遇旱，禾稼將枯，設壇祈禱，徒跣懇拜，三日甘雨如霪，因獲有秋。士民形諸歌頌，且興學育材，急於首務，積穀備荒，尤加意焉。其句容知縣任內，主修《弘治句容縣志》，在白兔鎮修白埠公館，繼以石加固句容城墻，在縣治西增修預備倉積穀備荒，在青元觀前修建養濟院等。

程文，字仲昭，江西浮梁縣（今江西景德鎮）人，弘治初任句容縣儒學訓導。

《弘治句容縣志》是句容現存四部舊縣志中最早的一部。明弘治五年（一四九二）夏，應天府移文屬邑，類修郡志。句容虽舊有縣志可稽，但已是『謄本差訛，載事簡畧，觀者憾焉』。知縣王僖有感於『舊志錯亂訛舛』，乃徵儒學訓導程文纂輯，致仕同知邑人王韶校正。弘治六年（一四九三）成書，尚未刊刻，王僖離任。弘治九年（一四九六），杜槃繼任句容知縣，公餘覽新成之志，認為志書『美固美矣，然無文以弁諸首，殆猶裘之無領，網之無綱，乃闕典也，得為全書耶』？於是乃請南京戶部郎中周琦作序，並主持刊刻。

該志體例效法《金陵志》，全書正文十二卷。卷首為周琦《句容縣志序》、句容縣志目錄、句容縣境圖。卷之一：建置沿革、邑名、分野、形勝、風俗、疆域、至到、城池、坊鎮、街巷、市、鄉、里、村。卷之二公署類：察院、府館、縣治、儒學、社學、射圃、稅課局、雲亭驛、龍潭水馬驛巡檢司、僧會司、道會司、陰陽學、醫學、惠民藥局、申明亭、旌善亭、馬廠、馬場、白土公館、鋪舍、養濟院、牌坊。卷之三：歷代衙門官吏、本縣官員年表、儒學官員年表、戶口、田土、稅糧、課程、土產。卷之四地理類：山岩、崗谷、洞湖、溪澗、河堰、潭源、溝瀆附雜類、井泉、圩岸、墩石、培壟、池塘。卷之五：壇壝、宮室、樓閣、亭臺、寺觀、庵院、丘墓、義塚、先賢遺跡、祠廟、橋梁、道路、津渡、古跡（裁革衙門）。卷之六人物類：名宦、師儒、流寓、忠勳、文人、忠節、賢良、進士、鄉舉、歲貢、吏員、隱逸、義門、孝子、順孫、義士、節婦、壽官、義官、醫術、能書、善畫、仙釋、方伎、異行。卷之七製詞類：大觀聖作之碑、御製觀龍歌、御製嘉瓜贊、歷代詔誥勅諭。卷之八題詠類：古今雜賦、容山八景、循良六詠、比躰十絕。卷之九文章類：縣治碑刻、儒學碑刻。卷之十文章類：祠廟碑刻、寺觀碑刻。卷之十一文章類：節孝傳記、墓道銘表。卷之十二雜録類：五瑞圖序跋、許長史葛仙翁井銘、宋景濂嘉瓜頌、劉大尹瑞麥記、劉大尹德政頌、吏部曹尚書歸老序、御史張紳屯田序、《重脩茅山志》序、《容山鐘秀集》序、《循良六詠詩》序、《容山善政録》序、《送大尹王公入覲》序、《容山善政録》後序、請鄉飲酒書、鄉賢祠祭文一道、祈雨謝雨告文三道。卷末有序二，分别為弘治九年（一四九六）曾昇《句容縣志後序》和弘治八年（一四九五）王韶《句容縣志後序》。

周琦《句容縣志序》云：『凡為郡邑者必先考志，始自「名宧」以為鑒戒，末復以次求之「人物」「風俗」「戶口」「田野」「山川」「壇壝」以下，則治民、事神之道以備而治體立焉，然則志之有補於治也如是。』本志詳細記述了明代句容縣的地域四至、公署設置、戶口田土、田賦稅課、河湖溝瀆、橋梁路津，正可以資借鑒，以補風化。

本志蒐集資料宏富，卷三『戶口』部分還載有宋代景定、乾道兩部建康府志中句容縣戶口數及元代的戶口數，是現存有關句容户口的最早资料。卷一及卷五之城池、坊鎮、街巷、市、鄉、村、里及橋梁、道路、津渡記述詳細，都是很有價值的歷史資料。卷八『題詠類』所收大量詩文生動再現了句容豐富的歷史文化底蘊與多彩絢麗的風土民情。王韶《句容縣志後序》記載知縣王僖閲後喜曰：『此誠句容文物之美觀，國家太平之盛典也！』杜槃亦云：『紀載頗悉，展卷間古今事蹟了然心目，盖所以壽前往而開後來者至矣。其有補於治道也，豈淺淺哉！』

相對於志書内容，本志的編纂時間不可謂充足。據王韶《句容縣志後序》所記，弘治壬子夏應天府移文屬邑編纂縣志，越明年癸丑冬二月就緒，這使得本志難免存在一些瑕疵，如『沿革』『風俗』『地理』等過於簡略，卷一、三、五無類目標題，全志無『凡例』，稍顯雜亂。

該書現存最早版本為弘治九年(一四九六)刻本，藏於寧波天一閣博物館，《金陵全書》收錄的《弘治句容縣志》即以寧波天一閣博物館藏本為底本影印出版。該書原板框尺寸横長十四點四厘米，縱高二十二點五厘米，現調整為横長十三點五厘米，縱高二十一厘米。

翟忠華

句容縣志序

句容隸應天去畿下九十里爲南甸大邑衣冠文物甲於他地舊志錯亂訛舛前知縣王僖徵訓導程文編輯致仕同知王韶考正生員周祚髙瓛書録立例則祖金陵志今知縣杜槃繼之

病志無序東志來京屬琦以弁
其首琦披閱焉志之衣冠文物
多自東晉始至
國家則盛書矣何則句容之地密
邇南畿自吳至陳世歷六朝其
間或華夷競起或南北並立爲
蛙鳴蟬噪之主卒至於元蒙古

一倂而有之腥膻之氣充然中
國則天地陰陽之正氣以塞邪
氣以生惡有乎衣冠文物哉我
太祖皇帝起而始滌去之以正中國
夷狄之分於是乎正氣還邪氣
殄而四方之衣冠文物日盛一
日句容固先去其染而鍾其正

氣矣歷至
英宗皇帝幾百年於此今
皇上又乘達然之數改元於
王業所基之年世道殆若一新其
維新之化風動於百年之後而
句容不亦先拔拂耶是以志所
載者若風俗戶口田野稅粮比

他邑爲盛名宦人物師儒忠良
節義孝烈封勑碑賛序記比他
邑爲多縣治學舍廨署亭榭市
廛壇壝名山勝槩比他邑爲縣
以至沿革分野之類亦詳而不
失所自然皆取其有所考載而
且實焉者孔子曰善人爲邦百

年亦可以勝殘去殺矣而
英廟昔當此盛嘗
命史臣釆四方之衣冠文物摘其事
優而跡顯者以脩一統志於脩
實録之餘盖一統志紀四方古今
之盛在
皇明固有

實録在前代亦有史傳其所采輯惟郡邑志居多故一統志宜畧郡邑志宜詳而句容志凡十二卷則亦知所詳矣嗚呼國之志猶國之史郡邑之志亦郡邑之史史昭鑒戒而志與之等是故脩志之筆當不下之脩史凡爲

郡邑者必先考志始自名宦以
爲鑒戒末復以次求之人物風
俗户口田野山川壇壝以下則
治民事神之道以備而治體立
焉然則志之有補於治也如是
弘治丙辰八月癸未
賜進士第奉政大夫脩政庶尹南

京户部郎中馬平周琦序

句容縣志目録

句容縣志目錄終

句容縣境圖
北至
仁信鄉
孝義鄉
移風鄉
來蘇鄉
東至丹陽縣
句容鄉
望仙鄉
崇德鄉
茅山鄉
三茅山
承仙鄉
政仁鄉
南至
南京溧陽縣

大江
瑯琊鄉
鳳壇鄉
通德鄉
句容縣
西至上元縣
福祚鄉
臨泉鄉
上容鄉
溧水縣

句容縣志卷之一

儒學訓導淳梁程文仲昭纂輯
致仕同知邑人王韶思舜校正

建置沿革

句容縣漢置屬丹陽郡武帝初封長沙定王子黨為句容侯國除復為縣吳赤烏八年使校尉陳勲發屯兵三萬鑿句容中道至雲陽西城以通吳會船艦唐武德三年以句容延陵置茅州七年州廢隸蔣州九年因延陵隔茅山地故併隸潤州會昌四年升為望縣乾元元年隸昇州上元二年州廢隸潤州光啓三年

復置昇州縣隸焉宋因之天禧二年陞昇州爲江寧府建炎三年攺建康府元至元十四年攺爲建康路至順元年攺爲集慶路縣並隸之

國朝洪武初於建康建都因攺建康爲應天府縣仍隸焉

縣治去府九十里

邑名

句容縣有句曲山山形如已字勾曲而有所容因名曰句容又名曰句曲勾容皆以此也

分野

禹貢乃楊州之域吳越之地斗牛分星紀之次牽牛婺女

之野

形勝

鉄甕東南金陵西北箕踞三茅絳嶺襟帶九曲秦淮
縣治四面山水環抱儼若城池焉

梁陶弘景撰葛仙公碑云東視則連峯入海南眺則
重嶂切雲西臨江滸北接駒驪

宋元豐二年葉表題孔子廟記是邑也據華陽地肺
之勝因山容句曲之名南揖絳岩北帶長江東達吳
會西隷建康此形勝之大觀也

風俗

人性愿確習尚禮義鄉隣婚喪貧乏者互相周濟因地窄人稠於勤農之外商賈工藝尤衆家多富饒而文物頗盛人皆以京畿首縣称之顔氏家訓曰江東婦女略無交游其婚姻之家或十數年間未相識者惟以信命贈遺致殷勤焉至今遺風尚存

疆域

東西相距七十里南北相距一百二十里

至到

東至鎮江府丹陽縣山口為界五十里

南至本府溧水縣丁塘村為界六十里

西至本府上元縣周郎橋為界二十里
北至揚州府儀真縣以下蜀大江中流為界七十里
東到鎮江府丹陽縣一百里東南到鎮江府金壇縣
一百二十里
南到本府溧水縣九十里西南到本府江寧縣一百
里
西到本府上元縣九十里西北到本府江浦縣一百
四十里
北到揚州府儀真縣一百三十里東北到鎮江府丹
徒縣一百一十里

城池

本縣舊有東西南北白羊上羊六門後漢書郡國志丹陽郡十六城其一曰句容則是縣城始於後漢也吳志赤烏二年詔諸郡縣治城郭起譙樓穿塹發渠以防盜賊嘗築治子城周廻三百九十丈上濶九尺下濶一丈二尺東西長九十丈南北長八十五丈唐天佑六年邵全邁為令見古城蕪蓁至八年修築後廢延及

國朝洪武永樂宣德正統皆設牌杉以為防護之計至景泰間浦洪劉義相繼為令建立門樓嚴督鎖禁成化

間令張蒽重新修理濮壽增置門樓牌扁弘治三年
令王僖相勢以石砌四門各建樓三間於上翼然高
聳如城寔四方通衢之偉觀也

瑯琊城在縣治東北六十五里本縣瑯琊鄉即其地也
晉元帝以瑯琊王過江國人隨而居之因城焉今廢

竹里城在縣北六十里瑯琊鄉東陽鎮東二十五里齊
永元二年崔恵景叛向建康遣驍騎將軍張佛護直
閤將軍徐元稱等六將據竹里為數城以拒之

仁威壘又名甲城在縣南白羊門内按南史周弘讓梁
承聖初為國子祭酒一年為仁威將軍下城句容以居

命曰仁威壘又故老相傳逆奚將軍屯兵於此或云
棄甲因又名甲城

南城在縣治南五里許福祚鄉西

北城在縣治東北八里許移風鄉

坊

鄷里坊在縣治東南隅石井街內分多福崇善二里

躍鯉坊在縣治東置製里以江賓王登第故名

句曲坊在縣治西北隅附郭里

宣化坊在縣治前吉陽里以承流宣化得名

金陵坊在縣治大街南陽里以其路接金陵故名

僊賓坊在縣治東馬草巷東南相傳謂茅君每年十二
月二日駕白鶴於此坊南三里許會集諸仙故名
禮教坊在縣治西門裏大街以其相隣泮宫故名
延賓坊在縣治寺街東置製里
興化坊在縣治東
東諫臣坊在縣治南門外青元觀側
西諫臣坊在縣治西門外葛仙庵北
東林教坊在縣治南門外
西林教坊在縣治南門外
宋縣令張榘自縣河至十字街達于東門立坊共一

十一柱

升俊坊　製錦坊　市南坊　大市坊

東市坊　舊市坊　市北坊　市橋坊

和豐坊　朝京坊　鍾山坊

泮宮科第二坊在儒學前成化十三年知縣濮壽建

毓英坊在縣治正南十字街口儒學西北成化十三年
知縣濮壽建

迎恩坊在縣治西雲亭驛前弘治三年知縣王僖建

平政澄清二坊在縣治前弘治元年知縣王僖建四
面牌坊南曰承流宣化北曰節用愛人東曰正本清

源西曰奉法循理
駐節坊在龍潭水馬驛前弘治三年知縣王僖建

鎮

常寧鎮在縣治東南四十里茅山鄉崇禧宫西又有北鎮相去十里許王晨觀西天禧元年以鎮置寨有巡檢司稅課局今廢

下蜀鎮在縣治北六十里仁信鄉舊有巡檢司館驛稅務今廢

土橋鎮在縣治西二十里與上元縣相界

東陽鎮在縣治西北瑯琊鄉六十里郡國志楚漢之際

改秣陵為東陽郡因名舊有館驛稅務巡檢司今廢

街

大街在縣前大市東西通衢

寺街在崇明寺前

義臺街在南門外即旌表孝子張常洧之處

觀街在南門外西通青元觀

常寧街在茅山鄉四十里

北鎮街在茅山鄉小茅峯西

新塘街在瑯琊鄉二十五里

下蜀街在仁信鄉七十里

青山街在望仙鄉五十里
東昌街在望仙鄉四十里
巷
劉明府君巷在縣治東晉縣令劉超有功德於民後人立廟祀之令張侶移醋庫劉明府君巷東至今廟存
醋庫久廢
周家巷在三思橋北
寺巷在崇明寺南
新樓南北二巷俱在句曲坊
栢家巷在大街北
丁香巷在大街南
江家巷在大街北
馬草巷在仙賓坊北
紫巷在大街東南

竹巷在東林教坊　廢巷在大街南
刘匠巷在南門外　經家巷在城隍廟東
方巷在寺街東北　白塔巷在新楼巷南
小東門巷在城隍廟東南　彭家巷在察院東南

市

大市在縣前大街民居櫛比交易紛紜故名　大市
倉頭市在仁信鄉七十里
柴溝市在鳳壇鄉七十里
白土市在望仙鄉四十里
靖安市在仁信鄉六十五里

湖熟市在臨泉鄉五十里與上元縣人民叅雜相處客商貿易頗盛

本縣一十六鄉共二十九都 内附各里各村

通德鄉乾道云舊名同德在縣西二十里一都二都其地宋有侯學士仗義樂施嘗分俸以濟鄉隣人皆德之故名内有十三里二十村

興化 嚴墟 史亭 豐亭 思齊

抱朴 建禮 秦溪 秦直 布寨

懷德 新安 納義 以上俱里名

新里 市干 樊巷 言墅 磨店

嚴墟上下　瓜渚　史庄　祝篋　朱巷
杜渚　許村　姚夏　烏塘　周吳
張湾　戎岡　浣岡　花岸　以上俱村名
福祚鄉在縣西南二十里三都四都其地古有張王廟
食此方俾災禦患祈晴禱雨無不感應一鄉賴其福
祚也故名內有一十四里一十五村
佑善　義城　政新　次戴　南陽
大通　安信　清城　思善　永慶
許瀆　普爰　玄武　文武　以上俱里名
黃堰　三汊　南岡　青城埠　李墟

下魯 鈴塘 前栢 竒干 白陽

城上 葛澤 周戴 鮮里 思善 以上俱村名

高泉鄉在縣西南五十里五都六都其地卑濕人皆依

[illegible]阜高泉水築室居焉故名內有一十五里二十八村

潤下 廣德 章亭 楊亭 承慶

山安 仁變 永村 延壽 豐安

布政 輔政 吉陽 宣賓 太平 以上俱里名

石湫 丁墟 甲山 花塘 長嶺

東釋 葛橋 方村 謝橋 戴圩

杜澤 斗門 西釋 湯巷 黃連墅

東宣　李村　石村　潘村　雍村
郭庄　濮村　端庄　望湖　吳鞠
俞墟　花墓　望青　以上俱村名

上容鄉在縣治南四十里七都八都按舊志云列大茅之峯於其左走上容之水於其右即其地也故名有一十二里二十四村

寬仁　葛亭葛玄煉丹於此　高平　湯亭　升仙據葛玄成仙之言
崇信乾道作敦信　育德　開恩　延德　南亭
祥慶　開元　以上俱里名
陳庄　五宕　張庄　芦嶺　望湖岡

崦北　西岡　錢村　蔣社　孫庄
檀培　葛村　後白橋　蔣村　西地
朱庄　趙村　承符　南亭　下黄塲
髙平　北墅　經村　墺村　以上俱村名
承仙鄉在縣治南七十里九都十都地近三茅世有相
繼而登仙者故名內有一十里三十六村
得道　魯亭　白陽　靈峯　南亭
浮山　懐仁　積金　永植　望仙以上俱墅名
浮山　天王　潦塘　蒲里　張巷
新豐　西岡　魯墓　澗南　澗北

栢杜　唐陵　湯塘　荷塘　墓西

石巷　靈山　黄連塘　倪壠　成庄

朱巷　成村　北周　栢岡　北庄

徐家　以上俱村名

政仁鄉在縣治南九十里十一都十二都地僻民悍行政者率先以仁化之故名内有八里二十九村

化裕　周亭　安亭　靈洞據淨嶺陽洞言　萬年

轂城　靈隱　靈感　以上俱里名

朱墟　轂城　朱庄　子游橋　上干

西周　青干　栢市　白沙　呂家庄

繞龍　石岡　董墟　於墟　蔡巷
潘巷　李岡　斗門　上社　盛家澗
後周　常村　胡村　董灣　袁巷
談村　周墟　吳史　衛庄　以上俱村名
茅山鄉在縣治東南五十里十三都其地乃三茅真君
修道之處故名内有七里二十一村
仙居　朱陽　水南　金陵　紫陽
甘泉　嘉瑞　以上俱里名
成村　黄庄　步塘　前潘　太陽
吳墟　陳庄　朱陽　上庄　石頭岡

謝毋巷　胡庄　北陽　胡巷　後潘

西馮　水南　紺林　胡村　張墟

虞池塘　以上俱村名

崇德鄉在縣治南四十里十四都十五都其地崇尚禮義敦行孝弟故名內有一十一里二十七村

温恭　徐亭　解亭　求樂　於鄉

修文　洞靈　義城　唐昌　崇德

旌善　以上俱里名

於鄉　西城　觀庄　孔庄　楊店

花岡　芦岡　夏庄　劉巷　後村

前岡　梅林　逋遜　陰橋　水南
朱墟　孔岡　水北　王步　奇千
斛里　懷道　紀莊　義城　亭子
胡莊　殷湯　以上俱村名
句容鄉在縣治東南三十里十六都十七都因句曲山
其形如句字地相近故名內有一十五里二十六村
祥符　畢墟　黃千　直道　冠蓋
隆敬　清化　觀政　多福　南谷
成和　慕善　歸善　柳谷　當城　以上俱里名
豊莊　呂坊　黃千　蔡墓　小其

何庄　常城　潘庄　盧干　畢城

前林　郭干　澗西　墓東　觀庄

紀墟　任巷　南塘　丁庄　後塘

淩庄　徐巷　蓮陂　急流　咸墟

常城　以上俱村名

来蘇鄉在縣治東三十里十八都因唐會昌之乱兵戈至此乃定民得安蘇故名内有一十三里三十三村

得仁　秦亭　東鎖　西鎖　齊禮

同墟　興仁　福陽　永豐　来蘇

崇慶　咸和　務善　以上俱里名

黄庄　秋千　蕭亭　行香　畢墖湾
王婆店　徐村　前馬　後馬　下隍
秦干　戴巷　寺庄　唐庄　柘溪
西陽　謝巷　麋墅　北姚　後顔
倪塘　蔣庄　北常　帛巷　謝塔
鄒巷　劉亭　譚家橋　許庄　斜橋
左巷　周庄　鎖山　以上俱村名

望仙鄉在縣治東北四十里十九都二十都地近茅山晋丹陽人陶弘景學道往来人皆瞻仰故名有一十七里三十四村

豐義　降真　新興　守信　次榮
雲陽　興教　東昌　祐地　擇善
洞仙　靜俗　景福　豐樂　福陽
京塘　豐登　以上俱里名
奉聖　荆塘　官庄　蔣岡　鳳塘
史巷　江庄　聖潭　栁堰　茅庄
彭庄　朱墓　潘巷　包巷　玄庄
營庄　姜墟　青山　裔庄　中茅
侯庄　孟庄　秀華　上蘭　聶巷
習巷　張巷　唐莊　西庄　孟墓

土祥　篁巷　豐義　東昌　以上俱村名

移風鄉在縣治東北三十里二十一都二十二都宋有張友孝行化於一方民俗日變故名至今墓存內有一十五里三十六村

楊塘　戴亭　安陽　行化舊名行善乾道作行化　鳳来

資善　烏山　太平　智水　休真

懷義　淳化　光村　西光　按乾道志舊有長年里　以上俱里名

掘河　小干　栢庄　楊墻　官庄

楊家庄　高家社　陳衢　蘆塘　孔聖

烏山　杜墅　長年　禄城　馬里
東光　平望　趙塘　笪庄　藥山
華山　陳武庄　緑楊館　陸墟　楊巷
陳光塘　光里　本湖　朱塘　戴村
上陽　北城上　黄岡　義姑主　孫主
孫塘　以上俱村名
孝義鄉在縣治北三十里二十三都其地古有行孝佼義之士可以淳風勵俗故名内有九里三十村
上應　下應　王亭　鳳来　按岡
孝義　来鳳　懷德　懷淳　以上俱里名

佴墅　和草　穀香　王窠　余墓

白塵峴　論山　朱岡　十八石　賀庄

譚巷　練城　滿干　木瓜園　北鄉

咸墅衝　范巷　丁村　老鸛窠　北灣頭

朱巷　大伏裏　栁橋　上丁庄　于家山

居家邊　吳家岡　仇家邊　華家邊　廟後以上俱村名

仁信鄉在縣治北五十里二十四都舊名履仁沈慶之武勇剛直生為忠義死福一方民懷其仁靡不崇信故乾道改名仁信內有八里二十四村

愛人　亭子　石橋　廻福　亭山

竹里　環澗　佳城　以上俱里名

亭子　迸風　六里店　雲塘　上丁庄

解巷　李巷　石山　鋪頭　張培

徐村　項村　東陶　范巷　嚴巷

受墅　上解　蓮塘　西蔡巷　坎壇

礌石鋪　朱巷　直岸　東解　以上俱村名

鳳壇鄉在縣治東北四十里二十五都二十六都二十七都其地巖石高聳曾有鳳凰棲止其上故名內有一十二里二十九村

祥禽　韓亭　黃行　鵲巢　浮石

黄菊　鎮城　禮義　慈惠　鳳臺
道義　歸善　以上俱里名
陳庄　山口　銅山　赤峴　倉頭
銅冶　營田　柴溝　張衝　南營
石家岡　韓墅　戎墅　陳墻　華橋
石壘　皇墅　古塘　北陳巷　石澗
朱巷　唐巷　馮岡　潘墻　巫墅
花墓　張巷　經干　謝墅　以上俱村名

琅琊鄉在縣治西北五十里二十八都二十九都晉琅琊王築城屯兵於此故名有一十四里二十五村

橋居　鮑亭　西亭　洛亭　昇平
泉數　鎮城　琅琊　崇節　謹俗
漸倪　新塘　東干　西干　以上俱里名
西干　鮑亭　黄墅　羅家庄　何衝
楊柳泉　華山　薛衝　賈衝　劉干
湖下　上芳　下坊　茅塘　黄岡
葛墟　三城　儲岡　北墟　北井
澗西　石溪　赤岡　胄寨　舊澤以上俱村名

句容縣志卷之一

句容縣志卷之二

儒學訓導浮梁程文仲昭纂輯
致仕同知邑人王韶思舜校正

公署

察院在縣治東一百步洪武五年令黄文蔚建宣德三年令許聰重脩景泰間浦洪劉義相繼爲令革舊更新規模宏壯成化間令張蕙李澄至弘治二年令王脩屢加脩飾完美可觀

正廳三間　耳房二間　穿堂一間　後堂三間

西廂房三間　東廂房三間　中門三間　門樓一間

府館在縣治西原三皇廟舊址宣德八年知縣張昇改建公館以駐使客正統二年巡撫工部侍郎周忱改為句曲書院成化二十年府尹楊守隨因其窄隘用價增置民地弘治二年府丞冀綺督委知縣王僖建為府館門堂深邃規模壯麗復扁曰京兆館

正廳三間　耳房二間　穿堂一間　後堂三間

東廂房三間　西廂房三間　中門三間　門樓三間

縣治在縣城正北按金陵志唐天祐六年令邵全邁建宋元豐二年令葉表修嘉定十七年令王通重建縣之廳堂譙樓紹定四年令吳淇復修淳祐丙午令張

榘直加修飾及築城創樓咸淳四年令王子巽建堂三間於正廳後扁曰明清奉議郎趙子寅爲記大德十年監縣塔塔兒縣尹趙靖因前令田郁舊規改創縣治扁廳曰敬簡至元末毀

國朝洪武二年令黄守正因舊基重建扁曰公生明洪武辛丑令陳俊德撤去譙樓之舊而新之景泰五年令浦洪縣丞劉義闢拓舊規重建廳堂髙明爽塏壯麗可觀

正廳三間　庫房一間　穿堂二間　明清堂三間

左耳房三間　右耳房三間　儀門三間　戒石亭一座

譙樓三間　幕廳一間　東司房六間　西司房六間
監房十間　獄神祠一間　縣衙土地祠八間
井亭二間　架閣庫六間在明清堂東永樂元年
知縣朱彤重建景泰元年知縣浦洪重修

公廨

知縣十間　縣丞八間　主簿七間　管馬主簿七間
典史六間　吏舍四十間

學校

儒學在縣治南唐開元十一年始建於縣衙之東宋開
寶中重建皇祐二年太常博士知縣事方峻再建自

為之記元豐二年令葉表以縣南館驛改造亦自記
之卽今之址紹興二十三年令龔濤增修之翰林編
修江賓王為記淳熙己亥令趙善言慶元戊午令趙時
侃復修寶慶丙戌令王通易民地築墻垣闢門左右
疏池寶慶丁亥建濂溪明道伊川三先生祠與石刻
亭對紹定壬申令吳淇重建殿廡講堂丹陽劉宰為
記淳祐丙午令張栔重修門廊齋舍及制祭服至正
間令兀顏璵因學罹兵火重修至大二年令趙清撤
舊重建翰林學士王構為記泰定二年令程恭延聘
名士訓誨生徒遠近嚮慕邑民獻地增廣學宮設唐

忠臣劉鄴孝子張常洎二祠於講堂之西元胡炳文為記至順四年達魯花赤邪懷重修明德堂後至元戊寅令李允中教諭劉德秀刻累朝封號綸音于石侍御史張起巖為記監邑丑閭敦武置禮器雅樂繪兩廡從祀侍御史趙承禧為記至正二年令李溥重修明德堂翰林編修貢師泰為記至正八年令張士貴以廟學歲久漸壞爰修葺之尚書偰哲篤為記至正十三年令孫政重建大成殿進士李桓記之

國朝洪武己未令韓思孝修殿廡置齋室壬戌令韓宗器重修明德堂永樂壬辰令徐大安增修丁酉令周庸

節教諭趙學拙重建戟門國子祭酒胡儼記之宣德
二年令許聰教諭趙克通建櫺星門甃砌垣墻重修
明德堂翰林修撰苗衷記之正統八年令韓鼎建會
饌堂立倴廩倉改文昌樓於學之東南十三年復立
進士題名碑於講堂之内翰林學士周叙記之景泰
間令浦洪劉義相繼修理東廡齋號三十餘間俱被
回禄遂設法新之景泰四年府丞陳宜增置學西民
地建立教官廨宇成化十四年令徐廣重建大成殿
兩廡戟門規模宏大視昔有加侍郎尹直為記前後
修建不一俱有碑刻見文章類弘治二年令王僖重

新粧餙聖賢遺像旒冕章服煒然可觀
大成殿三間　兩廡三十間　戟門五間
兩傍庫四間　櫺星門一座　泮池一所
宰牲房三間　洗牲池一所　東學門三間
西學門一間　道義門一間　明德堂三間
新民齋三間　止善齋三間　膳厨三間
祭器庫一間　官書庫一間　饌堂三間
東號二十間　西號二十間　學倉三間
教諭宅一所　訓導宅二所
國朝頒降官書

性理大全三十本　四書大全二十本　易經大全十二本
書經大全一十本　詩經大全十二本　春秋大全十八本
禮記大全十八本　爲善陰隲二本　孝順事實二本
五倫書六十二本　寰宇通志一百本　大明律二本
大誥一本　諸司職掌二本　彰善錄二本
漢書一部四十本　文獻通考六十本　綱目一部二十本
逆臣錄六本　皇明制書八本

文廟新舊祭器

銅簠簋八十八箇　銅豆八十三箇　銅籩九箇
銅登一副共三箇　銅爵一百九十九　銅尊二十九箇

銅酒罇三　銅杓二　銅犧罇象罇三　古銅香爐瓶付
新銅爐瓶一付　錫香爐二十八箇　銅盤洗盆三箇
多餘祭器數目
銅罐水罐三箇　銅象犧罇六箇　銅豆銅玷十五箇
銅鍾石磬二十一箇
射圃一所永樂壬辰令徐大安立於縣之西南葛仙庵
側朔望率諸生行習射禮歲久廢弛正統間令浦洪
教諭黎真改遷於縣衙東察院傍舊學基之上建屋
三間扁曰觀德亭祭酒陳敬宗爲記見文章類
社學一所在縣東察院傍成化間令張蕙立正屋三間

扁曰崇教導民東西序各二間引范希文寇萊公事扁於簷楹以為童生勉焉又後堂三間為教讀憩息之所洪武永樂間句容等一十六鄉俱立社學

稅課局在縣治大街三思橋東洪武二十五年令黃守正重建景泰五年大使談新重脩因其卑隘不足以儲課稅弘治四年知縣王僖奉府檄改造東門內百步許五聖廟址頗高敞軒豁門廳廨庫共屋十間

陰陽學在縣治西門內洪武十七年開設陰陽訓術許德始建弘治三年知縣王僖改造於京兆館東房屋三間

醫學在縣治西門内洪武十七年知縣周舟建弘治三年知縣王僖改造於京兆館西房屋三間

惠民藥局原在縣治前知縣李澄建弘治三年知縣王僖改造於察院之西房屋三間

僧會司在縣治東北隅興教寺洪武十五年開設僧會正理始建至今仍舊有潮音法堂三間

道會司在縣治西南隅青元觀洪武十五年開設道會談道林始建至今仍舊

申明亭在縣治前西洪武八年知縣棠恭建正統十年知縣韓昇成化年間知縣張蕙徐廣相繼修理

旌善亭在縣治前東洪武八年知縣柴恭建正統十年知縣韓昇成化十九年知縣李澄弘治二年知縣王僖相繼修理本縣一十六鄉俱有旌善申明二亭

預備倉在縣治西門一里許正統十年知縣韓昇始建六間景泰三年縣丞劉義增置十間成化十九年知縣李澄因其窄隘用價增置民地重新改造至弘治二年知縣王僖造完備始畢其工

中官廳三間　後廒十間　左右廒各五間

東西廒各八間　前左右廒各五間　西後廒八間

門樓三間

東西南北四倉在縣治茅山鄉瑯琊上容[illegible]鳳西鄉俱係洪武三十五年知縣朱彤建景泰三年縣丞劉義重修後因收放稻穀不便於民令併收縣西預備倉內

縣倉在縣治明清堂西永樂元年知縣朱彤重建景泰元年知縣浦洪改造於儀門之東一百餘步

官廳一間　東西倉廒六間　門樓一間

歲積倉在縣治西北七十里瑯琊鄉龍潭鎮南原有下蜀倉正統二年知縣張昇奉巡撫工部侍郎周忱明文改移今處景泰五年知縣浦洪縣丞劉義重脩成化間知縣張憲徐廣相繼脩理弘治三年知縣王僖

主簿薛仁增修倉廒典史梁澤新立巡警鋪舍

府廳六間　縣廳六間　大字等廒共一百間

門樓三間　井亭二座　巡警鋪六座

龍潭巡檢司在縣治北七十里瑯琊鄉龍潭鎮按縣舊

志宋管界巡檢司淳熙八年移於本鎮改名龍潭巡

檢司

國初巡檢馬義重建正統十三年江水奔潰巡檢徐康改

建於舊址之西

正廳三間　耳房二間　司房六間　公廨二間

鼓樓三間　監房二間

龍潭水馬驛在縣治西北七十里瑯琊鄉龍潭鎮宋淳熙十二年縣令錢良臣建永樂十二年知縣徐大安重建舊驛地濱大江爲江濤所嚙成化十一年驛丞劉謙度地於舊基之南盤龍山北申之府縣重爲遷造規模宏壯視昔有加驛丞林輯到任始畢其工有記見文章類

正廳五間　後堂五間　穿堂二間　門樓二間

廂房十四間　廚庫六間　馬房十間　公廨六間

東陽馬驛在縣治西北六十五里琅琊鄉東陽鎮宋淳熙十二年縣令錢良臣建永樂十三年知縣徐大安

重建後歸併龍潭水驛房屋雖廢基址尚存

雲亭驛在縣治西一里許舊址即今預備倉是也革去

年久至成化二十三年巡撫右副都御史李嗣并本

府府尹楊守隨見得本縣路當衝要閩浙蘇松等處

公差使客往来絡繹難為應付具本奏

准設官降印復立雲亭驛與舊址預備倉相對本府委知

縣王僖縣丞安慶督工起造規模深遠制度整飾煥

然可觀又新砌石街一條直抵郭西塘小橋甚便官

民往來行走

大廳房三間兩廈　大穿堂二間　大後堂三間兩廈

左右廂房共十間　皷樓一座　中門一座
碑井亭二座　厨庫四間　馬房一十四間
公廨六間　吏舍三間
白塘公館在縣治東南四十里望仙鄉白土鎮西弘治二年巡撫都御史王克復見得丹陽句容兩縣窵遠中無憩息之所督令知縣王僖創立因無基址自為區畫買劉民人史貴發戶下田一畝六分督同典史梁澤設法蓋造
公廳三間　後堂三間　廂房六間　門一座
厨房一間　庫房一間　周圍石墻四十八丈

馬廄

本縣馬廄并牧馬草場二十四處永樂間開設景泰二年知縣浦洪管馬主簿楊立重修天順成化間知縣劉義主簿游文弼相繼修築至弘治三年知縣王僖主簿李滋親臨各場丈量畝步築埂立墩界限秩然民不敢侵

北馬廄在縣北一里許坐落通得鄉計二十三畝五分二厘

正廳三間　穿堂一間　後堂三間　門樓三間

馬神廟一所　東西馬厩共六十間

句容群馬場四處

小橋場在縣治南十五里崇德鄉計一頃四十八畝八分五釐

盤龍場在縣治東二十五里句容鄉計四頃二十九畝八分二釐

泉水場在縣治東二十五里句容鄉計二頃六十一畝六分

百培場在縣治東南三十里句容鄉計一十三畝零五分

移風群馬場二處

江墳南塲在縣治東十里移風鄉計一頃七十畝

江墳北塲在縣治東十里移風鄉計九十五畝

瑯琊群馬塲四處

祁山塲在縣治西北六十里瑯琊鄉計九十二畝五分八厘

亭山塲在縣治西北五十里瑯琊鄉計八畝二分厘

朱墓塲在縣治西北四十里瑯琊鄉計七十畝八分三厘

白水塲在縣治北六十里仁信鄉計一頃五十三畝八分九厘

上容群馬塲三處

小金山塲在縣治南四十里上容鄉計五十八畝五分八厘

神扶塲在縣治南四十里上容鄉計二頃一畝九分七厘

蕎麥塲在縣治南六十里政仁鄉計一頃五十九畝四分七厘

通德群馬塲三處

華墓塲在縣治西十五里通德鄉計四頃九十七畝四分

西墁場在縣治西十里通德鄉計三十畝七分五釐
郭莊場在縣治西南四十五里臨泉鄉計四十三畝
四分九釐
福祚群馬場一處
許家堤場在縣治內二十里福祚鄉計八十畝一分
一釐
承仙群馬場三處
崇元場在縣治東南四十五里茅山鄉計一頃三十
五畝三釐
黃梅場在縣治南六十里承仙鄉計八頃六十二畝

九分二厘

俞塘場在縣治南六十五里承仙鄉計三頃二十一畝八分九厘

望仙群馬場三處

趙干場在縣治東北四十里望仙鄉計三十一畝七厘

大湖場在縣治東北四十里望仙鄉計二頃八畝二分五厘

塩場在縣治東三十里來蘇鄉計六十畝一分五厘

鋪舍

總鋪在縣治前平政橋南洪武三年知縣黄寺正創立正統十一年知縣韓鼎脩理至弘治三年知縣王僖新建正屋通行整餝完美

正屋三間　後屋三間　郵亭一間　東西屋六間門一座

澗西鋪在縣治北十五里鳳壇鄉

正屋三間　郵亭一間　東西屋二間　門一座

鮑亭鋪在縣北六十里瑯琊鄉

正屋三間　郵亭一間　東西屋二間　門一座

東陽鋪在縣治西北六十里瑯琊鄉

正屋三間　郵亭一間　東西屋二間　門一座

龍潭鋪在縣北七十里瑯琊鄉

正屋三間　郵亭一間　東西屋二間　門一座

鳳壇鋪在縣治北六十里鳳壇鄉

正屋三間　郵亭一間　東西屋二間　門一座

廟林鋪在縣治北六十里仁信鄉

正屋三間　郵亭一間　東西屋二間　門一座

仁信鋪在縣治北六十五里仁信鄉

正屋三間　郵亭一間　東西屋二間　門一座

坎墰鋪在縣治北七十里仁信鄉

正屋三間　郵亭一間　東西屋二間　門一座

上蘭鋪在縣治東三十五里望仙鄉

正屋三間　郵亭一間　東西屋二間　門一座

謝培鋪在縣治東十五里來蘇鄉

正屋三間　郵亭一間　東西屋二間　門一座

上橋鋪在縣治西十五里通德鄉

正屋三間　郵亭一間　東西屋二間　門一座

養濟院

養濟院在縣治西南青元觀前洪武四年始建房屋五

間成化五年知縣張蕙李澄相繼增修房屋二十四間弘治元年府丞冀綺因見鰥寡男婦数多督委知縣王僖買地增建房屋二十二間前後共計五十一間周圍墻砌

牌坊

晝錦坊在縣治東南隅為吏部尚書曹義立

進士坊在縣治東南隅為永樂七年進士劉濬立

觀光坊在縣治大街東為永樂九年舉人陳遜立

進士坊在縣治東北移風鄉為永樂十三年進士高志立

進士坊在縣治東北鳳壇鄉為永樂十三年進士謝璘立

登瀛坊在縣治西北隅為永樂十五年舉人曹暹立

進士坊在縣治東南隅為永樂十六年進士張銘立

進士坊在縣治西南上容鄉為永樂十六年進士周禮立

登雲坊在縣治鹽巷東為永樂十八年舉人胡諒立

進士坊在縣治北門内為永樂二十二年進士徐晋立

青雲坊在縣治大街為宣德元年舉人劉態立

經魁坊在縣治北關壇鄉為宣德元年舉人潘延立

梯雲坊在縣治北龍潭鎮為宣德元年舉人朱琨立

昂霄坊在縣治小南門内為正統三年舉人李質立

進士坊在縣治西北隅儒學西為正統四年進士張諫立

冲霄坊在縣治大街東南爲正統九年舉人嚴純立

青霄坊在縣治南崇德鄉爲正統九年舉人王永寧立

進士坊在縣治南崇德鄉爲正統十年進士張紳立

文魁坊在縣治北斗橋東爲正統十二年舉人居輔立

凌雲坊在縣治三思橋東爲景泰元年舉人華楨立

步雲坊在縣治東寺街口爲景泰元年舉人王韶立

進士坊在縣治東南承仙鄉爲景泰二年進士曹景立

登英坊在縣治東來蘇鄉爲景泰四年舉人高清立

步蟾坊在縣治南上容鄉爲景泰四年舉人姚寧立

步瀛坊在縣治北鳳壇鄉爲景泰四年舉人王紱立

步雲坊在縣治北龍潭鎮為景泰七年舉人蘇潤立

步武坊在縣治東務風鄉為景泰七年舉人高謗立

折桂坊在縣治南政仁鄉為天順三年舉人徐玉立

雲梯坊在縣治南城隍廟東為天順三年舉人石堅立

四桂坊在縣治西門內為天順六年舉人戴仁胡漢曹瀾李澄立

登科坊在縣治石丹街為天順六年舉人胡漢立

飛騰坊在縣治北龍潭鎮為天順六年舉人李澄立

世科坊在縣治南儒學西為成化元年舉人張恪立

雄飛坊在縣治南崇仙鄉白陽里為成化元年舉人王璿立

進士坊在縣治南門外為成化二年進士戴仁立

進士坊在縣治東北觀音巷爲成化五年進士許暠立

桂籍流芳坊在縣治南崇德鄉爲成化七年舉人凌傳立

繡衣坊在縣前大街口爲成化十一年進士御史湯鼐立

進士坊在縣治南承仙鄉爲成化十一年進士曹瀾立

登庸坊在縣治大街中爲成化十三年舉人李永亨立

繼美坊在縣治南儒學西爲成化十六年舉人張憓立

棣萼聯芳坊在縣治北八字橋東爲成化十九年舉人居軫立

會魁坊在縣治南承仙鄉爲成化二十年進士倪綱立

經魁坊在縣治南政仁鄉爲成化二十二年舉人徐欽立

登科坊在縣治西福祚鄉爲弘治二年舉人魯鉞立

進士坊在治北龍潭鎮爲弘治三年進士趙欽立

進士坊在縣治北龍潭鎮爲弘治三年進士楊鉞立

本縣在城原有牌坊八座

市中街牌坊在縣治大街漸楼巷口

昇仙街牌坊在縣治大街馬草巷口

崇義街牌坊在縣治大街寺橋口以上俱知縣浦洪立

集慶橋牌坊在縣治東方橋上

三思橋牌坊在縣治大街稅課局西

句曲橋牌坊在縣治北八字橋上以上俱知縣劉義立

大千金界牌坊在崇明寺前僧會心豫立

蓬萊真境牌坊在青元觀前道會侯太古立

句容縣志卷之二

句容縣志卷之三

儒學訓導浮梁程文仲昭纂輯
致仕同知邑人王韶思舜校正

歷代衙門官吏

宋本縣知縣一員　縣丞一員　主簿一員　縣尉一員
吏八名　貼司十名　儒學教諭一員
茅山巡檢司巡檢一員　東陽巡檢司巡檢一員
縣市酒務監務一員　東陽稅務監務一員
東陽水站提領一員　副提領一員
下蜀馬站提領一員　副提領一員

元本縣達魯花赤一員　縣尹一員　縣丞一員

主簿一員　縣尉一員　吏八名　貼司一十名

儒學教諭一員　醫學教諭一員　陰陽學教諭一員

縣務提領一員　副提領一員　吏一名

昭華望仙驛提領一員　副提領一員　吏一名

茅山巡檢司巡檢一員　東陽巡檢司巡檢一員

國朝洪武初

本縣知縣三員洪武丙寅沙汰二員　縣丞二員沙汰一員

主簿二員　典史一員　司吏九名　典吏十七名

儒學教諭一員　訓導二員　司吏一名

稅課局大使一員吏一名　東陽驛驛丞一員吏一名

龍潭驛驛丞一員吏一名　龍潭巡檢司巡檢一員

陰陽學訓術一員　醫學訓科一員

僧會司僧會一員　道會司道會一員

三茅山元符宮華陽洞靈官　正一員　副一員

永樂至弘治

本縣知縣一員　縣丞一員　管馬主簿一員永樂七年添設

龍潭水馬驛驛丞一員東陽驛正統間歸併為水馬驛

雲亭驛驛丞一員弘治元年奏准復立　其餘官屬俱同洪武間

本縣官員年表

晉唐宋官員名氏世代久遠莫考其詳録其所知者以例其餘

晉縣令劉超臨沂人　南北朝縣令孫謙南齊人

唐縣令岑植棘陽人　邵全邁天佑間令　李質貞元間令

主簿楊於陵陝西人

宋縣令一十六人　張佖建隆縣尉　丘濬黟縣人景祐間　方峻慶曆間令

葉表元豐間令　王通寶慶間令　張侶邦城人寶慶間　龔濤東平人紹興間

趙善言淳熙間令　趙時侃金壇人　吳淇括蒼人紹定間　王子巽潼川人寶佑間

張棐南平人淳祐間

元朝

達魯花赤

阿里　忙古歹　兀哥赤進義　忽新敦武

兀哥撒敦武　脫脫進義　唐兀觧徵事　王連赤敦武

舍剌甫丁　塔塔兒敦武　答迷失忠顯　不花忠顯

月倫失海牙進義　哈剌承德　答思剌承務

愛牙赤承務　阿會承直　那懷進義至順初　丑閭敦武大德間

縣尹

李端辰將仕　唐正叔從仕　何源將仕　葛以哲

完顔著承事　李璘承事　顔世榮承事　趙靖忠翊至大間

朱全承事　王堅承務　謝潤承務　成天瑞承務

劉瑾承務　程恭承務　李孛来歹承務　孟禎承務

殷禎承務　李思雍承德　李允中承直至元　林仲節承事

李溥彰德人至正間　張士貴至正間令　孫政至正間令

主簿

蔡勉　王日升將仕佐　安惟演將仕佐　劉公正將仕佐

姚英將仕佐　藺善將仕佐　張秉禮將仕佐　陳桂發將仕佐

張善進義　畢拜都進義　劉沆將仕佐　戴德仁保義

董珏進義　衆家奴　月列帖木兒將仕佐

孫怡老保義　八哈藍沙進義　陳真孫　孫琛將仕佐

黃買住侍恩　樊嗣祖進義

縣尉

王信　孟順收賊黃華賞官　馬均　董信

鄒飛收賊黃華賞官　劉毅　時茂　何燕只哥歹

李天瑞　麻里富沙　丑廝　李孜

陳獻德賞官　張鉉　倒剌沙　張奎

國朝

知縣

陳俊德洪武初　黃守正洪武初　黃文蔚洪武四年　桀恭洪武八年

夏常洪武九年　韓繼洪武巳未　韓宗器洪武壬戌　王成洪武初

周冊洪武間　朱彤洪武間　盧信臨海人洪武間　胡仲周

李濟　周庸節永樂間　徐大安永樂間　許聰河南人宣德間

張昇浙江人正統間　韓鼎定海人正統間　浦洪秀水人正統間　姚顯景泰間

劉義山東人景泰間　張蕙太原人成化間　濮壽山西人成化間　徐廣曹州人成化間

李澄西華人成化間　王僖長興人弘治間　杜槃太原人弘治間

縣丞

史顯洪武初　文良舉洪武間　高麟永樂間　張文善宣德間

郭振宣德間　周順江西人宣德間　周顒宣德間　許瓊福建人

催恕正統間　韓閏正統間　劉釗天順間　趙琬浙江人天順間

武忠河南人成化間　黄原貞閩縣人　安慶滑縣人成化間　鍾璠山東人弘治初

丘叔麟廣東人　王永亨陝西人弘治間　劉富真定主簿　沈鳳東昌人主簿

主簿

凌德茂洪武元年　王翩　余貞　趙啓永樂丁酉

王得薊州人　羅昇宣德間　傅祥宣德間　師孟河南人

于中山東人　賀斌山東人　林熤福建人　趙得舟

李儼正統間　金𦏁正統間　魏可宗湖廣人　張羽

王本原　李聰　雷欽　歐陽倫江西人

游文弼四川人　沈詳河南人天順間　藍俊陝西人　林恭莆田人成化間

李傑歸德人成化間　孫郁山東人成化間　程通陝西人成化間　陳俊廣東人成化間

黄傑陝西人成化間　賈禎陝西人成化間　薛仁湖廣人弘治間　李滋真定人弘治間

典史

趙由道洪武初　周孟麒洪武初　陳禮洪武間　王榻洪武間

李端永樂間　劉原善永樂間　王春浙江人宣德間　錢廸浙江人

金振湖廣人正統間　王茂山東人景泰間　李鑑陝西人成化間　梁駿武清人成化間

旻海順天人　魏寅永平人　梁澤浙江人弘治　陳珞浙江人弘治間

儒學官員年表

元朝教諭

劉德秀至元間　胡玄穆新安人　胡體仁本縣坊郭人

國朝

教諭　訓導

許淳本縣人洪武初　朱純本縣來蘇鄉人　樊傑本縣坊郭人　戴祥
鄺輔郴州人永樂間　趙學拙南平人　趙克通宣德間　陳信嘉興人宣德間
陳玹南昌人正統間　黎真河間人景泰間　蕭文奎江西人天順間　陳汝圭侯官人
徐軫侯官人成化間　蔡祥江西人成化間　常清濟寧人成化間　陳元莆田人弘治間
曾昇廣西人弘治間
揺昌永樂間　彭汝弼永樂間　方肇宣德間　胡執本縣坊郭人
江源本縣坊郭人　林惟高景泰間　蕭敦江西人景泰間　林瑣莆田人正統間
徐光大會稽人　方雍桐廬人成化間　王禎安福人成化間　栢永廣東人成化間
潘浚安福人成化間　石旻元城人成化間　鄭賢南平人成化間　吳箴永新人成化間
程文浮梁人弘治　韋頴台州人弘治間　曹譜湖廣人弘治間　詹明松陽人弘治間

户口

前代及宋景定志所載户口實數本縣主户貳萬貳千叁百柒拾口伍萬壹百叁拾

客户叁千玖百玖拾陸　口柒千貳百壹拾叁

按乾道志句容主户貳萬伍千捌百玖拾柒

主丁口陸萬柒千伍拾　客户貳千肆百玖拾陸

客丁口伍千柒百陸拾陸較之景定主户減貳千伍百貳拾柒　客户增壹千伍百

大元二十　七年抄籍户口

本縣户叁萬肆千捌百壹拾肆　口貳拾壹萬肆千

柒百玖拾　南人户叁萬肆千柒百陸拾伍
北人户肆拾玖　漢人户叁拾捌
國朝洪武永樂間按句容舊志見在人户叁萬陸千捌拾玖
户見在人口貳拾萬伍千柒百壹拾柒口男子壹拾
貳萬叁千貳百陸拾柒口婦女捌萬貳千肆百伍拾
口天順成化間按貳次黄冊實在人户共叁萬陸千
肆百伍拾捌實在人口貳拾壹萬貳千陸百叁拾陸
男子壹拾貳萬捌千伍百陸拾玖婦女捌萬肆千陸
拾柒口

田土

前代本縣官民田土壹萬貳千捌百貳拾柒頃伍拾叁畝陸分貳厘

官田土肆百肆拾伍頃叁拾伍畝叁分貳厘

田貳百陸拾捌頃柒拾柒畝伍分

地伍拾伍頃伍拾貳畝貳厘

山壹百壹拾頃貳拾壹畝貳分玖厘

雜產壹拾頃捌拾肆畝伍分壹厘

民田土壹萬貳千叁百捌拾貳頃壹拾捌畝叁分

田柒千貳百肆拾捌頃玖拾陸畝伍分伍厘

地壹千捌拾頃伍拾柒畝陸分肆毫

山肆千貳拾壹頃柒畝貳分貳釐

塘肆頃玖拾伍畝

雜產貳拾陸頃陸拾壹畝捌分玖釐

國朝本縣官民田地山塘等項壹萬肆千壹百叁拾貳頃陸拾壹畝貳分陸毫

田捌千壹百柒拾壹頃伍拾叁畝柒分玖釐玖毫

地叁千伍百捌拾伍頃陸拾叁畝捌分肆毫

山叁千柒百壹頃捌畝叁分壹釐玖毫

塘肆百肆拾頃壹畝玖分捌釐肆毫

蘆田捌頃叁拾陸畝玖分壹厘
蘆灘壹百柒拾陸頃玖畝玖分貳厘
草塌肆拾玖頃捌拾陸畝肆分柒厘
官田地山塘等項叁千玖百柒拾頃捌拾貳畝肆分
捌厘
田貳千伍百叁拾玖頃玖拾陸畝柒分叁厘叁毫
地叁百伍拾貳頃壹畝肆分玖厘陸毫
山捌百捌拾肆頃捌拾柒畝貳分肆毫
塘壹百叁拾捌頃肆畝柒分陸厘貳毫
蘆田貳頃肆拾畝柒分伍毫

蘆蕩肆拾貳頃貳拾陸畝叁分
草塌壹拾壹頃貳拾伍畝貳分捌厘
民田地山塘等項壹萬壹百陸拾壹頃柒拾捌畝柒
分貳厘陸毫
田伍千陸百叁拾壹頃伍拾柒畝陸厘陸毫
地壹千貳百叁拾叁頃陸拾貳畝叁分捌毫
山貳千捌百壹拾陸頃貳拾壹畝壹分壹厘伍毫
塘叁百壹頃玖拾柒畝貳分貳厘貳毫
蘆田伍頃玖拾陸畝貳分伍毫
蘆蕩壹百叁拾叁頃捌拾叁畝陸分貳毫

草塲叁拾捌頃陸拾壹畝壹分玖厘

稅粮

前代本縣該徵

絲壹萬壹千陸百玖斤玖两柒錢陸分

綿貳千捌百玖拾伍斤捌两叁厘

鈔陸拾貳定貳拾貳两貳錢肆分肆厘

官米叁千玖百伍碩壹斗貳合

民米叁萬叁千陸百柒拾陸碩伍斗肆升玖合

國朝本縣實徵

夏稅

麥柒百叁拾壹石柒斗伍升肆合　一勺
絲叁百壹拾捌斤肆錢捌分折絹　一百伍拾肆疋
壹丈貳尺柒寸貳分玖厘

秋粮
米肆萬壹千柒百陸拾叁石壹斗　四升肆合伍勺
豆貳拾伍石玖斗捌升柒合陸勺
馬草陸萬捌千陸百柒拾包捌斤伍兩壹錢肆厘

課程
前代徵辦
酒醋課壹千伍百叁拾肆定叁兩伍分

茶課貳拾定

房地錢壹拾伍定壹拾壹兩玖錢壹分貳厘

曆日錢捌拾陸定叁拾陸兩柒錢

生帛局造辦棗褐鴉青明緑白色紵絲斜紋肆百玖
拾伍段

縣務稅課叁百伍拾玖定貳拾玖兩伍錢肆厘

常寧務稅課貳百捌拾肆定拾肆兩捌錢捌分

白土務稅課貳百壹拾捌定叁拾貳兩

東陽務稅課壹百叁拾定貳拾伍兩

帶辦財賦課程柒拾柒定肆拾柒兩

國朝額辦

商稅等項課鈔本縣每年額辦玖萬貳千柒拾叁貫
肆伯叁拾文收貯在庫支給官吏折俸并存恤孤
老冬夏布價等項花銷

酒醋房賃課鈔本縣每年額辦壹萬柒千柒拾陸貫
玖伯肆拾伍文起解南京
內府廣惠庫交納

戶口食鹽鈔本縣官民人戶照依丁口每年徵鈔壹
拾柒萬伍千柒百玖拾貳貫起解本府交納

貢辦

前代歲貢土物

翎毛捌千壹百根　貉皮壹千玖百捌拾陸張

茅山蒼术貳百斤

國朝歲辦土物

活鹿壹拾壹隻　活雁伍拾捌隻

活鷓鴣貳拾捌隻　活兔叁隻

薦新山藥肆拾斤

土產

穀之品

早稻　晚稻　糯稻　大麥　小麥

蕎麥　黄荳　紅荳　粟穀　芝蔴

帛之品

絲　綿　紬　綃　麻

金之品

金舊志出句曲山今無　銅鐵舊志出赤山今無

銅器舊志出句容境內今文廟有唐宋古祭器

石之品

茅山石石之次玉而堅潤者　石墨出茅山

藥之品

石鍾乳　禹餘粮　蒼术　芍藥　石腦

茯苓　白朮　澤瀉　細辛　金櫻子
防風　烏頭　枸杞　決明　何首烏
玄胡索

草之品

溪蓀草　菖蒲草　龍仙芝　叅成芝　燕胎芝
洞草芝　蕣玉芝　熒火芝　夜光芝　琅葛芝

香之品

黃連香出茅山

菓之品

來禽　大杏　海紅　金錠　黃梅

紅桃　緑李　相公李　福鄉柰　櫻桃

花之品

牡丹　芍藥　薔薇　荼蘼　山茶

蜀葵　菊花　梔子　金鳳　雞冠

瑞香　玉簪　木犀

木之品

松　檜　槐　榆　桑　柘　柳　椿　楸　梧

蔬之品

山藥　芋頭　蘿蔔　萵苣　胡荽

白菜　芥菜　茄瓜　莧葱　韭蒜

禽之品

鵝 鴨 鷄 鴉 鵲 雉 鳧 鳩 鴿 鸛

鶯 鶉 鴝

魚之品

鰣 鱭 鯿 鯽 青 白 鰱 鮎 鯉 鱀

獸之品

猪 羊 獐 鹿 麂 兔 狸

句容縣志卷之三

句容縣志卷之四

儒學訓導浮梁程文仲昭纂輯
致仕同知邑人王韶思舜校正

地理類

山巖

茅山在縣治東南四十五里茅山鄉周廻一百五十里初名句曲以山形之勾曲也又名巴山以山形似巴字也漢元帝時有茅氏兄弟三人來居其下遂名茅山秦始皇聞民間先有謡曰神仙得者茅初成駕龍上昇入太清時下三洲戲赤城繼世而往在我盈於

是有尋仙之意後有茅盈茅固茅衷即三茅君也結屋三茅號三茅君又號其峯曰大茅峯中茅峯小茅峯楊至質有作見題詠類大茅峯在元符宮南即大茅君所居按山志昔玄帝命東海神埋銅鼎於獨高處入土八尺上有盤石鎮之山之半有繡衣亭昔三天使者衣繡衣執金冊以九錫之命詔大茅君故名山頂常現神光謂之丹光一曰天燈舊有石壇石屋今為茅君祠宇祠左有龍池禱雨輒應王介甫王復元有作見題詠類中茅峯在積金山北即二茅君所居上有陶公醉石按

山志司命君埋西湖玉門丹砂深二丈上有盤石鎮之石上有徐鍇篆字山下有泉色赤真誥云歃之延年王介甫吳全節有詩見題詠類

小茅峰在中茅峰之北即三茅君所居上有卧龍松左紐檜按山志王莽地皇三年遣使張邑賫黃金白玉銅鍾贈三茅君光武建武七年遣使吳倫賫玉帛黃金獻三茅君俱瘞絶頂上有聚石壓之王介甫有詩見題詠類

抱朴峰即大茅峰北相連一峰有葛洪煉丹處

白雲峰在中茅峰西

五雲峯在小茅峯之側華陽洞上積金峯金壇山東其峯甚峻昔三茅君以三月十八日駕五色之雲馭八景之輿佇於此山逾時而去故號五雲峯

積金峯在大茅峯中茅峯之間二峯相連其長阿中有連石古謂之積金山陶隱居所住東有横壟壟上有石形甚瓌奇多穴有大石裂開成洞入數丈漸狹不復容人乃颼颼有風白挺有詩見題詠類

疊玉峯在大茅峯東南山多疊石其色類玉故名又呼三角山去葛仙壇相近昔宋真宗嘗遣左瑨詣茅山祈嗣遇異人言王真人已降生宋朝瑨問何人荅曰

古燧人氏章懿皇后亦夢羽衣數百人從一仙官自空而下曰此托生於夫人及生宫中火光燭天始行步常持槐木簡以筋鑽之真宗問曰何用曰試鑽火耳帝顧后妃曰異人之言信不虚矣遂刻石元符宫

華蓋峯在崇禧觀東南形如華盖

飈輪峯在大茅峯東連峯是也昔東海青童君曾乘獨飈飛輪之車駐於此今有飈輪之迹故名

四平山在承仙鄉去縣治南七十里又謂之方山其下有洞屋名方臺又曰幽館

良常山在小茅峯北舊名北垂山按山志昔秦始皇登

句曲山北垂嘆曰巡狩之樂莫過於山海自今以往良為常也群臣並稱壽嘆曰良為常矣乃改句容北垂為良常山

華姥山在茅山崇禧觀前昔吳大帝孫女寒華於此脩道昇空而去故名

鬱岡山在小茅峯東北草木鬱茂故以為名俗呼為大横山學道者多居於此山下有泉昔李明於此煉丹山之東有古越翳王冢

龍尾山在大茅峯東隱然而高狀若龍尾焉按茅山記云從大茅一嶺直至山東接延陵界如龍狀大茅山

為頭龍如龍尾故以龍尾名之

東方山在縣東南四十里周廻一十五里高四十二丈

東連仙九山

伏龍山在茅山柳谷泉之間近中茅峯狀如龍伏故名

其上產金昔人嘗採之

雷平山在茅山伏龍山東周時有雷氏養龍往來此山

與許長史所營之宅相對其山北有柳汧水或名曰

田公泉昔田公嘗居此

方隅山在雷平山東北以三小山相隅故也下有洞室

名曰方源館

秦望山在茅山良常山東北始皇嘗住此望丘阜故名

丁公山即積金峯之西麓也相傳昔丁令威所止今崇禧觀以爲主峯

仙韭山在崇禧觀西獨小山也按山志姜婇茂種五辛菜以易丹砂今山多大韮即其種也又俗呼石龍山

仙姑山在縣東四十里茅山之側周廻五里高一十丈

仙几山在縣東南四十里茅山側周廻三里一百步高八丈東連仙姑山

了頭山在縣東南七十五里周廻十五里高四十二丈東連仙几山以兩峯相並如了髻故名人多題詠

竈石山在良常山東南山間有紫石如竈處竈間生一
木如曲蓋形

御珠山在雷平山南俗呼獨女山

青山在縣北六十里鬱岡山西周迴一十里高一十二
丈北臨大江傍有兩山名東青山西青山

岡山古名此山為福地記云岡山之間有伏龍之鄉可
以避病

青龍山一名洞山在縣治南七十里高三十八丈周五
里北距茅山三十里山半有洞曰青龍洞前多怪石
奇秀森列泉歷旱不竭山傍有峴曰牧門乾道志

山有洞穴祈禱有應洞口纔二尺餘僅可容人傴僂而入其中平廣深不可測土人相傳與金壇句曲諸洞相通洞口大石上有四五窪處狀如人跡俗呼為仙人跡按真誥云大茅山之西南有四平山俗所謂方山者其下有洞室名曰方臺山外與華陽洞通疑指此也

麻姑山在鬱岡山西　海江山在慶雲洞上

獨公山在小茅峯北　小竹山在小茅山東

稀堆山在皇甫谷南　道祖峯在積金峯陰

大靈山小靈山並在鼇是山西

金菌山在茅山積金峯東按山志句曲支山有名菌山此山至佳有金可採入土不過一二尺耳趙孟頫有詩見題詠類

虎丘山在丁公山西宋禁樵採有碑

絳嵒山一名赭山在縣治西南三十里臨泉鄉周廻二十四里高一百六十五丈上有龍穴祠壇地志云漢丹陽縣西有赭山其山丹赤因以名郡寰宇記本名赤山唐天寶中改為絳嵒又名丹山丹陽之名由於此山極險峻臨平湖山之巔頗坦夷惟一路可通舊傳五季之亂居民避兵於上後鄧山者常於其地

護銅錠鍬器之屬建炎兵起鄉民亦依之得免
姜石山在縣西北二十五里有梁南康簡王墓
射烏山在縣西北五十里瑯琊鄉周迴一十五里高一
十七丈湯水二泉其源皆出於此
五綦山在縣北五十里鳳壇鄉周迴二十里高二十五
丈元元統元年崩於大水見金陵新志
銅山在縣北六十里鳳壇鄉周迴二十里高八十七丈
以舊出銅故名
戍山在縣北六十里仁信鄉周迴一十一里高一十五
丈北臨大江相傳南宋沈慶之戍兵於此故名

竹里山在縣北六十里仁信鄉按方輿記云行者以其途傾險號曰翻車峴九和郡國志山間有長澗高下深阻舊說似洛陽金谷晉王恭舉兵京口伏劉牢之爲爪牙使帳下督顏延爲前鋒牢之至竹里斬延以降還襲恭宋武帝起義兵自京口至江乘破桓玄將吴甫之於竹里即此山也

華山在縣北六十里鳳壇鄉按方輿地記云梁武帝輿駕東行至此山因問華山何如蔣山高薛對曰華山高九里似與蔣山等泉水倍多寶慶志云秦淮有二源一自此山出經句容西南流也

袍碌山在縣北五十里琅琊鄉周廻十七里高二十六
丈舊有饗坊

秦山在縣南三里福祚鄉有明月灣通秦淮父老相傳
謂謝安月夜乘舟垂釣于此今釣臺尚存

周山在縣南三十五里上容鄉周廻一十里高十丈

崙山在縣東北五十里移風鄉周廻一十五里高一十
七丈東連騶驪山四十二福地也按金陵新志云唐
肅宗時謁者伍逵靈在此山得道丹成之後記于石
壁在絕頂尚存髣髴可辨山下又有伍逵靈潭

騶驪山在縣東北六十里移風鄉周廻二十五里高三

十九丈吴諸葛恪獵見一小兒衆莫識恪引白澤圖
曰兩山間其精如小兒名曰傒囊遊者有詩見題詠
浮山在縣南七十五里政仁鄉周廻一十里高一十二
丈西接周山上有朝陽洞洞有流泉灌溉之利甚博
冑山在縣北三十五里瑯琊鄉周廻一十二里高一十
八丈
亭山在縣北三十里瑯琊鄉周廻一十五里高二十丈
土石山在縣東三十里來蘇鄉
龍山虎耳山並在縣東三十里來蘇鄉有尚書顏魯公
墓又虎耳舊名苦耳上有龍王祠有碑見文章類

竹山在茅山疊玉峯南晉藏真觀前二山上多篠着是也陶隱居云自大茅山南後韭山竹山吴山方山從此疊嶂達乎吴興天目諸山至乎羅浮而窮乎南海也

驤首山撥雲山並在縣東四十里望仙鄉上有龍祠舊有崇真道院今廢

尾屋山在縣南七十五里政仁鄉山形連亘兩崖稍起狀如尾屋唐李太白曾登此山望長蕩湖

仇山在縣南四十里上容鄉峯巒盤曲土壤宜松通邑栽植取給於此焉

彭山在縣南七里福祚鄉峯巒秀發有泉水環流上有白

崖古刹佳木異卉參差掩映邑中士夫常往遊焉

磊石白馬棠梨白沙石角五山俱在縣南七十里政仁鄉

石麃山在縣南七十里承仙鄉石形似麃故名

白和山在縣北七十里仁信鄉仙人白和得道於此故名上有白和仙人廟事見抱朴子篇俗呼白婆山誤也

甲山在縣西南五十里臨泉鄉宋景定間僧行昱愛其叢峯兢秀甲於左右諸山因名焉

塗山在縣東四十五里移風鄉上有龍祠

巖山在縣西北五十里瑯琊鄉華蘗山西

牛頭七星石幢官峴四山俱在縣治西北鳳壇鄉

華蓋岩在茅山石墨池上　候仙岩在茅山碧岩洞數武

霧豹岩在碧岩洞下　碧玉岩在茅山丹谷泉上

衆真岩在茅洞側　誦經岩在燕口洞上

猫頭岩在絳岩山西北其勢如猫蹲

岡谷

長隱岡在茅山小茅峯之側一龍長縵而隱障故名

赤岡在縣治北五里許一帯數里其土丹赤如砂故名

卧龍岡在縣治西十里許朱家巷岡上有樹一株發五枝宛如龍爪人呼為龍爪樹

五里岡在縣治南崇德鄉五里許山岡崔嵬因以得名

社巷崗在縣市南一社人民住居成巷巷外有崗故名
馬疲崗在上羊門路接邑厲壇陟彼高崗馬力疲倦故名
劉亭崗在縣治東十餘里劉氏構亭於上因以得名
華墓崗在縣治西二十餘里因華氏有墓在焉故名
拱辰谷一名拱辰寨在中茅峯東北宋劉真人有道勅
江寧兵士二百人以充巡邏洒掃元符等宮因立此
寨詳具宋史
皇甫谷在三角山　楂子谷在三角山北地多楂樹
黑虎谷在中茅小茅峯之間長阿之西
洞

華陽洞在大茅山其洞有二西洞在崇壽觀後南洞在元符宫東其門有五三顯二隱三茅二許俱得道於此宋授金龍玉簡靈異至多按山志大天之内有地中之洞天三十六所其第八則此洞也周圍一百五十里名曰金壇華陽之天洞虚四郭上下皆石内有陰暉夜光日精之根陰暉主夜日精主晝形如日月之光既自不異草木水澤亦與外同又有飛鳥交横名爲石燕所謂洞天神宫靈妙無方不可得而議也

張商英有詩見題詠類

華陽南洞在大茅山下栢枝壠中唐越州刺史裴中明

造松子石案用以朝真即南之便門也周文璞有詩
見題詠類
茅洞在元陽觀石壇下即南面之西便門也
華陽東洞即東便門也
華陽西洞在積金山東嶺下隱居所謂積金山洞颸飈
有風是也累朝金籙投龍簡於此即西便門也
良常洞在茅山紫陽觀五里即華陽北大便門第三十
二小洞天昔秦始皇埋白璧處也
羅姑洞在茅山金薗山西即九疑山女仙人羅郁也趙
孟頫有詩見題詠類

高居洞與羅姑洞並石限界之

玉柱洞在華陽西洞南中積石乳四面僅容人行

酆都洞在紫陽觀　天窗洞在積金山之上

小青龍洞在小茅峯西朱砂泉上

碧岩洞在茅山崇壽觀後洞頂為嶔崟亭古木危基至今猶存

女仙洞在碧岩洞東三十步穴口下視如眢井然相傳任真人之女得道變遁于此

栢枝洞在茅山青牛穴南昔人深入則聞大湖風濤鼓楫之聲

慶雲洞在海江山下

黒虎洞在華陽南洞九錫碑之左

黃龍洞在九錫碑之右

南斗洞在三角山女官妙法庵

水龍洞在白雲峯下

海泉洞在皇甫谷泉源深不可測

燕口洞在茅山方隅山南有洞室女仙人錢妙真遁化其中淳祐五年巡檢使夏侯嘉貞與建隆觀道士詣洞捿龍簡是夕雷震洞戶開一廳東深入遇道士與來禽一食之絶粒田霖有詩見題詠類

方隅洞在方隅山上真誥方隅洞有二門其一即鱉口洞
洞名方源館南通大茅南之方山亦有二洞口見存

夫子洞在良常對山孔子未嘗入吳不知何以得名觀
其題延陵季子之墓恐亦經過於句容也

方臺洞在方山下有洞室兩口見外與華陽通號爲別
宇幽館得道者處焉世人呼爲白石洞

青龍洞在於恰幘山去方山十餘里恰幘山今人呼爲
丫頭山隱居曰有大口見外昔有人深入見一大青
虵因相與呼爲青龍洞宏廓深委凡迹可至也

大茅洞在大茅峯南詳見前華陽洞茅山記云洞在大

茅山前後玉液泉為正路洞前亦有石壇洞内有石鍾磬直下可行七八里能容一二百人其内流水不絶色若染藍石澗潺湲可愛路通不窮但險峻難涉耳又云外有石壇内有石鍾磬旌節人物皆石入者非人必見異物

越翳王洞在茅山乾元觀内翳為勾踐四世孫葬句容縣大横山下

金牛洞在茅山崇壽觀東秦時採金獲金牛為女子所觸遂躑而出跡著于石又云覔牛至丁角地因名曰上闌下闌又有犇牛牛犇入海不復覩之也

張果老洞在望僊鄉白石山有張果祠并駁跡
茶龍洞在縣治東冷水澗即唐逸史所載夢書新宮銘
之處也
朝陽洞在縣治南巫山深邃有泉
五棊洞在縣治北五棊山初入甚小入一丈許漸大中
有石塌白石總宮
東石龍洞在縣治北洞形如巨龍
西石龍洞在縣治北中有石棊盤石匣
絳巖湖一名赤山湖在句容縣西南三十里去府六十
里源出絳巖山周百二十里下通秦淮石邁古跡編

赤山湖在上元句容兩縣間溉田二十四垾南去百
步有盤石以為水疏閉之節南史沈瑀傳明帝使
瑀築赤山塘所費减材官所量數十萬即此湖塘也唐
麟德中令楊延嘉因梁故提置後廢大曆十二年令
王聽復置周百里為塘立二斗門以節旱暵開田萬
頃茅山記太玄真人內傳曰江水之東金陵之地左
右間有小澤澤東有句曲之山陶隱居曰小澤即謂
今赤山湖也從江東來直對望山今此湖半屬句容
半屬上元唐樊珣記句容西南二十三里曰赤山天
寶中改為絳巖山以文變質也山外周流厥有湖塘

舊址考於前志則曰吳人創立斯人通之景定志又載宋時湖係云江寧府上元句容兩縣臨泉通德湖熟崇德丹陽臨淮福祚甘棠舊額九鄉今併入丹陽臨泉福祚甘棠四鄉百姓自來共貯水絳巖湖澆灌田苗下有百堽堰捺水其湖上接九源山其堰下通秦淮江自吳赤烏二年到今已七百餘年其湖東至數堽西至兩壇南至赤岸北至青城穫曰春夏貯水深七尺秋冬貯水深四尺先是麟德二年前縣令楊延嘉併建兩斗門立碑碣具言周迴僅百里州司尋差十將丁籌計朱徐藏巡湖打量得一百二十二里

九十六步盧尚書判置湖貯水本為溉田若許侵耕雖防災旱取定四尺水則使其澆九鄉田苗九鄉在句容上元兩縣界若過令深廣又慮漂毀若逢暵旱之年須稍增加今且定取五尺水則不及處且任耕墾種植如有人於五尺水則內盜耕一畝一角推勘得實其犯條人斷遣令衆十日本管湖長不能覺察亦併施行又據十將丁籌狀蘆藂草北邊去約有二百來步有一盤石東西闊四尺七寸南北闊三尺五寸石面中心去水面一尺六寸五分即是五尺之則并有祭桂仍仰下縣使於石上磨刮更刻字記其湖

仍每季一申不得啓蕩戴經新塘有豊等三湖圍埠
内田多是私啓取水灌溉田苗准舊例放絳岩湖水
下秦淮三日取指揮給枚不得擅開啓取水其湖先
有傳食田五十畝句容縣弓量二十畝三十步上元
縣弓量二十畝三十步百堽堰與絳岩湖同置絳岩
貯水百堽堰捺水保大中曾別差官親到赤山湖所
建斗門三所通放湖水出入常令湖中積水五尺其
斗門或遇山水擁水高於湖內水面即須全開三所
斗門放水入湖候外溪水退却放水出溪下秦淮入
江尋須酌量湖水不得失於元則右前件湖堰承舊

澆灌九鄉田苗共一千餘頃畝奉省符帖命指揮修
作貯水逐 鄉差承潤户管當先有條流歲久去失續
於晉天福年中再興功後修作經今六十餘年重添
建造貯捺百里溪汊山源賑恤耕民備供王賦累奉
勑恩給賜料物及借助日食等差兩縣官員置造斗
門三所計用一萬七千六百八十工及添修湖埂并
百堽堰共計三萬三千六百八十工衆議重置條流
嚴加束轄謹遵符條如前乞判印指揮永為證據達
隆查員外乾德五侍御開寶王司空閣侍御魏司空
歷司直林員外並判執條常加束轄慶曆三年二月

十八日葉龍圖知建康府日於古來舊湫處置立大
石柱一條將湖心盤石水則刻於柱上永為定則云
江城湖在縣治西北六十里瑯琊鄉廣一百八十畝深
六尺二寸灌溉田苗
周干湖在縣治南五十里臨泉鄉今為周干圩
白李溪在縣治東南四十里昔高辛時展上公居於溪
上手植白李而食之得道登仙故名
上容溪在縣治南三十里崇德鄉其源出中茅峯過茅
江橋經赤山湖入秦淮
斗溪在縣治南七十里政仁鄉其源出茈壓入蒲里溪

蒲里溪在縣南六十里承僊鄉其源出浮山入絳巖湖

龍潭溪在縣南四十里上容鄉其源出仇山入絳巖湖

高平溪后白溪俱在縣南四十里上容鄉其源出浮山入絳巖湖

石溪在鳳壇鄉縣北十五里其源出胄山入絳巖湖

楚王東西二澗在茅山鄉大茅峯楚威王遊於上故名

鶴臺澗在大茅峯下嘗有群鶴往來宋道士張元之乃築臺居焉

宜春澗在中茅峯水甚甘美雖旱不涸

泠水澗在茅山玉晨觀北舊名蒼龍溪水漱石出其色

如玉堅潤可愛即茅山石也

九曲澗在大茅峯支流九曲達於菖蒲澗

戚家澗在縣南七十里政仁鄉其源出瓦屋山

胄山澗在縣北三十里移風鄉其源出胄山流入秦淮

花山澗在縣北三十里移風鄉其源出花山流入秦淮

白麇澗在縣北移風鄉五十里源出駒驪山流入秦淮

河堰

古漕河在縣北七十里仁信鄉西流入大江今呼官港

官塘河在縣治東五十里白土市東北流入延陵

新河在縣治東四十里來蘇鄉其源出駒驪山由丁角

流入長塘湖注太湖
黄壚河在縣治西十五里福祚鄉流入絳巖湖
掘河在縣治東北移風鄉
百堽堰在縣治西南三十里屬上元縣與福祚鄉相隣
上接絳岩下通秦淮
黄城堰在縣治東三十里長一里深四尺灌田三百畝
范家堰在縣治西北三里通德鄉長二里深四尺灌田
二百畝
周戴新堰在福祚鄉去縣治南一十五里通百堽堰
菩薩堰在移風鄉縣治東北六十里深八尺灌田二百

三十三畝

黄堰在福祚鄉去縣治南一十五里慶元間因黄提舉鑑造石堰故名閼屯水利澆灌通德福祚兩鄉官民田土千有餘頃下赤山湖入秦淮

黄塘堰在來蘇鄉去縣治東三十里深四尺灌田三百畝

潭源

菖蒲潭在縣治東南茅山許長史學道於此多產菖蒲一寸九節

護軍潭在丁角路傍在縣治東南三十五里許長史每自外還必先於此沐浴而後方入山

龍潭在縣治北琅琊鄉八十里邊臨大江
清水潭在縣治北琅琊鄉八十里龍潭鎮之西
白龜潭在茅山喞珠山前以其中有白龜故名
井泉
許長史井在茅山玉晨觀內尚書徐鉉有銘趙世延有
詩見題詠并文章類
葛仙公煉丹井在縣治南青元觀今存即吳之葛玄煉
丹處也宋邑令方嵸有銘見文章類
葛洪井在茅山抱朴峯巷即葛玄孫葛稚川煉丹處也
今廢

茅君丹井在茅山下泊宮

陶隱居井在茅山華陽宮前東橋陶貞白七次丹成皆中井神人告以定分止合得此中丹於是衆之遁景而去井歲久堙沒政和初道士莊愼修索而得之初去土三尺許得石井闌雖破合之尚全環刻大字云先生丹陽人仕齊奉朝請壬申歲來山棲身高靜自號隱居同來弟子吳郡陸敬游其次楊王吳戴陳許諸生供奉階宇湖熟潘邏及遠近宗稟不可具記悠悠歷代詎勿識焉梁天監三年八月十五日錢塘陳懋宣書及見磚甃又穿數尺獲一圓石硯徑九寸許列

十一趾滌之朱色粲然又得銅爐有柄若今手爐仍於砂石間有丹一粒大如芡實光彩射人亟取之遂墮井中水極甘冷雖大旱不竭爐硯藏宮中

沸井在縣治東三十里虎耳山一名沸潭丹陽記曰句容縣東三十五里有龍崗崗頂有沸潭周迴十二丈聞人聲則沸不聞不涌也至今猶然士夫多有詩見題詠類

文井在本縣儒學明德堂之西因其居文翰之地故名

角里丹井在縣治譚家橋澗底今存相傳角里先生煉丹於此其井圓者方者凡十餘嘗有西域胡人飲水

因取其土囊之去莫知所以也

梁昭明太子福鄉井山志云在茅山鴻禧院東山下

寶公井在縣治北琅琊鄉東陽鎮

琉璃井在縣治北鳳壇鄉華家邊以其石秋瑩如琉璃

故名今存

官井三口在縣治内二在譙樓裏東西二亭一在幕廳

之左俱存

雙眼井在縣治東北彭家滂觀音塔西因其石井闌有

兩眼故名

三眼井在縣治東望仙鄉青山以其井欄三眼故名

石井在縣治南承仙鄉百社村吏部尚書曹義居後歲久乾涸永樂十三年泉忽湧出清冷甘美人皆以為此必曹義登進士之兆其年會試果中所謂天將興賢則地必發祥以兆焉又石井一在縣市東南躧禮坊今存

市曹義井 在坊郭東南隅唐李靖衛国公屯兵於此所鑿有義井記見文章類

喜客泉在茅山棲真觀南客至則湧沸而起茅山記喜客泉在大茅峯北岳方池數尺客至即沸人多題詠

撫掌泉在茅山崇壽觀前雖旱不涸在昭明讀書臺下

舊記云在鴻禧觀東聞擊掌之聲湧出如沸其味甚佳冬時常溫冷亦呼為冬溫泉

田公泉在茅山玉晨觀東南一里亦呼栘谷泉真誥定籙言華陽雷平山有田公泉飲之除腹中三虫與隱居泉水同味云是玉沙之流津也用以浣衣不用灰以此為異

玉液泉舊記云有二泉一在茅山崇壽觀後山堽上路西畔仙人捧石比泉若乳色甘而香能去腹中諸疾俗呼為白泉一在三角山玉液菴

海眼泉舊記云有二泉一在楊尚書山旁常時泉湧能

應海潮在積金中峯之西今元符宫西園是也一在
墨池西畔

白玉泉在茅山常寧街　　百丈泉在茅山拱辰峪

樂泉在茅山元符宫側　　陶公泉在茅山皇甫峪

大泉在縣治東北移風鄉崙山上今存姚譽記之曰向
曲之東寔曰崙峯居峯之陽厥生大泉

玉兔泉在縣治東移風鄉光東真武庿側

銅坑泉在縣治北鳳壇鄉銅山其深難測

龍泉在縣治東望仙鄉驤首山

楊柳泉在縣治北琅琊鄉華麓山西

大聖泉在縣治北移風鄉騎驪山
下龜泉在縣治北仁信鄉五朞山
石龍泉在大茅峯嶺上登真隱訣云天市壇左右有泉
皆金玉之津飲之益人故名
玉磷泉在茅山飈輪峯西畔二口貯泉至冬一冰一溫
又名陰陽井
靈泉在茅山積金峯上　真人泉在茅山華陽洞西
洞泉在茅山通仙橋邊一泓是也
玉砂泉在中茅峯西山記云司命君埋西湖玉門丹砂
於中茅峯玄嶺泉水飲之益人

朱砂泉在小茅峯西泉色赤而有味

饋飲泉在大茅峯南垂泉作乳色

丹谷泉在茅山慶雲洞東山記云昔有道人取水合丹童子易他水道人識之由是得名

鹿跑泉在茅山大羅源之左山志云古人精修仙鹿爲發此泉

勺泉在茅山梁明太子讀書臺後岩上

益人泉在茅山天市壇泉皆金玉之津飲之益人故名

溝瀆 附雜類

九曲溝在縣治東一里許泉水清冷縈廻九曲歲久不湮中有一培其形如龜雖大水不没四圍茂林脩竹交相掩映春和景媚之時士人爭先遊賞觴詠爲樂竟日忘歸邑中之佳致也弋鎬有詩見題詠類

破崗瀆在崇德鄉去縣東南二十里按建康實録吴大帝赤烏八年使校尉陳勳作屯田發兵三萬鑿句容中道至雲陽以通吴會船艦號破崗瀆上下一十四埭入延陵界下七埭入江寧界於是東都船艦不復行京江矣晉宋齊因之梁以太子名綱改爲破墩瀆

遂廢之而開上容瀆陳霸先又湮上容瀆而更修破
　岡瀆至隋平陳並廢之
桃花崦在小茅峯北林壑幽邃花卉紛敷不異於武陵
鳳凰河在茅山鷄臺前　丹砂泓在茅山燕口洞東
明月灣在縣治西南福祚鄉三里許有謝安釣臺
霞架海在茅山桐華源上趙孟頫有詩見題詠類
金星峴在茅山疊玉峯金沙布地故名
青玉峽在茅山丁公山東奇石林立即深秀軒故址
亭水在縣北琅琊鄉三十里其源出亭山南流與赤山
湖水合入秦淮河

圩岸

按金陵新志句容圩岸九十六處今之修治惟存六十三處成化間知縣李澄委陰陽訓術高軏下鄉踏勘修理至弘治二年知縣王儔奉本府帖文委醫學訓科戎永寧遂一一督工修築完固已廢三十三處不詳其地

天荒圩　何家塲圩　東生塲圩　西生塲圩

杜塲湖埠　王家岸　亭子湖埠　劉岸湖埠

葛家塲岸　以上俱在鳳壇鄉

百丈圩　周干圩　任陽圩　戴家圩

白米圩　西廟圩　夏家圩　以上俱在臨泉鄉
青山圩　第一岸圩　普照圩　半山圩
大埠　以上俱在仁信鄉
孔家埠　譚家埠　赤湾塘圩　東湖圩
葛塘圩　上埠　義城埠　後堰圩
周戴埠　新圩　以上俱在福祚鄉
烏羊圩　西溪道圩　龍埠圩　上葛蒲圩
芟家圩　經村南埠　下葛蒲圩　黄興岸
紹興岸　紀家圩　錢家圩　經村南埠
東湫埠　後堰圩　都包圩　以上俱在上容鄉

孔家埠　井東埠　戴家埠　前埠

周大伯埠　胡家埠　道士南埠　道士北埠

倉埠埠　王城埠　郭家埠　王埠埠

劉家埠　西周臧埠　朱塘埠　以上俱在崇德鄉

蔣山圩　白茅塲圩　張家圩　以上俱在琅琊鄉

墩石

如心墩在赤山湖畔隱士周如心築之而結屋讀書於其上人呼為如心墩

棲霞墩在茅山碧岩洞下有徐鍇大篆

分水墩在興教寺前分南北二水之流又名戲珠墩

八角石在縣治東南隅家宰坊宣聖祠左
陶公醉石在中茅峯頂　仙人擣石在大茅峯西畨
碁盤石白雲峯上　雲根石在白雲峯下
動石在中茅頂一人可撼多人則不能動也

培壟

後城培在縣治西南四十里上容鄉
謝培在縣治東北二十里望仙鄉故鋪亦以謝培名焉
栢枝壟在茅山華陽洞南
義壟在縣治南三里許以義士張觀與弟合葬故名

池塘

放生池在縣治南青元觀前宋紹定間建立邑令張偘記曰放生之地凡郡邑皆有焉紹定元年四月二十八日度地於青元觀前疏闢新池築亭其上面對南山氣象環抱千態萬狀莫能形容鳶飛魚躍各遂情性闔邑之民罔不欣舞於是知縣臣偘謹與縣丞臣佑卿縣尉臣通監酒稅臣洪躬行放生之禮上祝兩宮聖壽時壽慶聖節前四日也臣偘謹記

月湾池在縣治西葛仙菴側每中秋月圓則水中月影方半形相傳葛仙翁幻術高季迪有歌見題詠類

雷平池在茅山玉晨觀前今存真誥云周時有雷氏養

龍于此故名

豢龍池在天聖觀前天監初貞白先生立道靖修行因開創池沼遷雷平山地龍子於此豢養大中祥符二年三月勅中使任文慶取龍子入進真宗御製觀龍歌刋于石歌見製詞類

周真人池在靈寶院內老君端像殿前常州道士張朴建卽隱居弟子周子良池也

天池在大茅峯頂神龍所都大旱不涸

石墨池卽莒蒲潭漢賈長房學道于此書符滌硯潤石悉為黑色至今用池水合藥有奇驗

郭干塘在長隱山東數里周迴五畝深五尺一寸灌田六十餘畝村亦以郭干名水常滿鄉人涸之必有雷電屬茅山鄉十三都石頭堽

赤石塘在縣治東南陶隱居云有赤石田在中茅峯西食此塘水利溉田十餘畝

上鈴塘在縣南十三里計四十一畝一角四十二步深五尺三寸溉田一百一十三畝

下鈴塘在縣南計六十七畝二角三步深五尺三寸溉田二百單二畝

郭西塘在縣治西一里許計一百八十畝一角五十步

深七尺三寸溉田五百七畝

南黄塘在縣東北十里赤堽約一百畝深五尺溉田二百畝

西黄塘在縣東北十里潤西廣一十五畝溉田一百五十畝

東大陂塘在茅山鄉去縣東南四十里乃郭四朝住此又曰郭干止是種植之處非居止也

西大陂塘在上容鄉去縣四十里廣一百畝設二碶放水溝田五百餘畝塘右有瀉水溝流入絳巖湖

蒲塘在移風鄉去縣二十里其塘有蒲故名侍郎張文

昱羌晉居相近焉因以蒲塘爲號

陳廣塘　吳塘　朱塘　明塘　俱在移風鄉

大陂塘　小陂塘　荇陂塘　梁塘　俱在來蘇鄉

武帝塘在通德鄉　楊家塘在茅山　陶塘在雷平山

大家塘　黃陂塘　神塘　俱在上容鄉

三白塘　鍾離塘　五更塘　西岡塘　周官塘

荷塘　柏塘　俞塘　俱在承仙鄉

散泉塘　後陂塘　蘇塘　洼塘　俱在臨泉鄉

句容縣志卷之五

儒學訓導浮梁程文仲昭纂輯
致仕同知邑人王韶思舜校正

壇壝

社稷壇在縣治西一里許舊在子城北後移在青元觀西南今養濟院基是也大德間移於葛仙翁庵西後監邑丑閭敦武以其地卑隘置民地去舊壇西約百步重立至洪武元年主簿凌德茂度地遂改移於北九年知縣夏常增築之壇制高三尺濶一丈五尺周圍墻垣六十一丈四尺東西南北四門元埜[illegible]

記見文章類

神牌二面　宰牲房三間　庫房三間　廚房三間

風雲雷雨山川壇在縣治東南二里許洪武九年知縣
夏常重建洪武十六年癸亥始以城隍配祭壇制高
三尺濶二丈五尺周圍墻垣四十八丈五尺立東西
南北四門

神牌三面　宰牲房三間　庫房三間　廚房三間

邑厲壇在縣治東北興教寺東洪武九年知縣夏常重
建壇制高三尺濶二丈周圍墻垣四十一丈二尺門
樓一座

神牌一面　宰牲房三間　庫房三間　廚房三間
鄉厲壇一十六所在句容等各鄉俱於洪武九年知縣
夏常置立

宮室

梧園宮按乾道志吳王別館有梧楸成林古樂府有梧
宮秋吳王愁之句慶元志梧園宮在句容縣西上元
縣界今廢

易井堂在縣治中堂後舊名友樂堂宋淳祐丙午令張
榘改建氷玉軒趙時侃前四十八年爲令嘗詔于朝
均民税榘其婿也皆金壇人因記曰晋人[illegible]　[illegible]之

賢曰氷清曰玉潤非敢自謂玉潤繼氷清也亦以遠
挹前言近瞻往行耳

勑書樓在縣治内宋天聖間邑令承勑乃建樓尊閣之
令廢即儀門之址也

文奎樓在儒學東道義門外正統八年令韓鼎建景泰
間厄於回禄令浦洪重建即文昌樓今鄉賢牌位附
於内春秋祀焉

覽秀樓在縣治南四十里承仙鄉贈南京吏部尚書曹
均昂建取其望三茅之秀故名

昇仙樓在縣之東南隅岳壽山棲止後得道昇仙而去

故名至今暑天無蚊蠅此靈異之可驗也馬草巷亦
名曰昇仙街
鍾樓在縣治東北崇明寺内唐時建會昌之乱寺燬兵
火獨天王鍾樓無恙規模殊古相傳為般郢後人所
造趙子昂親書其扁
鼓樓在縣治前宋元豊三年令葉表建即今之譙樓也
宜春樓即縣之東門景泰元年令浦洪建成化十二年
令濮壽脩葺題扁因每歲迎春於此故名弘治三年
令王僖重建以石築臺構樓三間於上
朝陽樓即縣之西門景泰元年令浦洪建成化　二年

令濮壽脩葺題扁因路接南京故名弘治三年令王
僖重建以石築臺構樓三間於上
華陽樓即縣之南門景泰元年令浦洪建成化十二年
令濮壽脩葺題扁因通茅山華陽令王僖建築如前
望江樓即縣之北門景泰元年令浦洪建成化十二年
令濮壽脩葺題扁因路遠望大江令王僖建築如前
集仙樓在坊郭東南隅集仙橋去縣治二里許景泰三
年縣丞劉義建成化十二年令濮壽脩葺題扁因茅
山仙侶往來會集於此故名俗呼為白羊門
顯應閣在城隍廟正殿之後元至元丁丑建景泰元年

令浦洪重脩三年回祿令劉義省令耆民徐慶祥等
募緣復建因邑人祈禱克應故名
正傳閣在縣治東北興教寺萬玉林元至正間住持僧
繼祖建學士虞集書扁又萬玉林三字張即之所書
千佛閣在崇明寺東正統十年僧人德宗同徒福能建
雕粧千佛於上故名
愛山亭在縣治後圃舊名秀陰堂宋紹定四年令吳淇
重脩又名愛山堂後廢景泰二年令浦洪重建改為
愛山亭有詩見題詠類
紀績亭在縣治前十字街景泰間令浦洪建豎立脩砌

街道學士邢寬碑記在内

占星臺在本縣後圃宋景祐中知縣丘濬明天文築此臺觀象號名後改為先春臺今愛山亭後高墩是也

義臺在縣治西南隅唐孝子張常洧旌表之所令李質為記見文章類

王荆公釣臺在縣治西北六十里瑯琊鄉東陽鎮側

梁昭明太子讀書臺在縣治東南四十里昭明常從陶隱居學築臺於此舊址尚存

鶴臺在縣治東南四十里金壺山後道士張元之築趙孟頫有詩見題詠類

寺觀

崇明寺在縣治東原成蕭林晉咸寧間名義和其額梁昭明太子書唐會昌中廢天祐二年重建太平興國五年改今額建隆四年重建山門永樂間僧人本空重脩佛殿天王殿鍾樓制度殊古相傳般郢後人所造內分十八子院

文殊院尹孺文張安國嘗同訪璠無玷于定菴徘徊終日而去

經藏係禪院寺有佛經一藏字畫如出 手成化間謚菴率徒孫惠本重修殿字粧嚴佛像煥然新規

大聖院太平興國間建立石塔以奉泗州大聖制度
卓絶歷代相繼脩理堅完可觀

千佛院　南觀音院　藥師院　天竺院

妙雲院　四聖院　瑞應院　彌陀院

北釋迦院　北觀音院　羅漢院　瑞像院

南釋迦院　中釋迦院　天王院

建寺脩塔有碑見文章類

興教寺在縣治東北起於晉咸寧間純禪師始置為觀
音院南唐時重脩太平興國五年改今額元至正間
住持僧繼祖造正傳閣永樂八年住持僧本空建造

方丈宣德正統間住持智亨信方相繼脩造東西佛
殿天順間住持文通繼正果建造山門廊宇伽藍祖
師二祠重脩潮音法堂縣士夫暨邑人遊覽俱有詩
見題詠類

金華寺在縣治西南隅晉咸康三年尚書令李邈捨宅
造靈曜寺宋改今額成化戊戌比丘尼寶貴峯重修

天王寺在縣南五十里承仙鄉中和二年懶融祖師建
原成叢林元胡昺文有記見文章類

圓教寺在縣治南三十五里臨泉鄉宋景定間行顯祖
師建原成叢林

圓寂寺在縣治西南三十五里臨泉鄉赤山側乾道六年景綸祖師建原成叢林宋周孚有記見文章類

東霞寺在縣治東三十里句容鄉宋嘉熙間如謙祖師建原成叢林

延福寺在縣治東南四十里茅山鄉舊名延壽晉咸和六年置宋天禧間原成叢林

昭聖寺在縣治東四十五里望仙鄉龍游山紹興間樞密巫伋捐俸福順禪師建造賜額昭聖元厄兵燹景泰間藥師院僧人圓澍往住其寺告行脩理建造佛殿山門兩廊法堂僧舍煥然一新碑銘見文章類

禪心寺在縣治東三十里來蘇鄉乾道元年請額大定元年重脩

正覺□□縣治西北六十里瑯琊鄉唐咸通中法除祖師始建永樂十五年歸併西大泉寺

寳林寺在縣治西北七十里瑯琊鄉梁天監間沙門寳誌始置永樂十五年歸併西大泉寺

宋興寺在縣治西北六十里瑯琊鄉慶元志寺舊基在蔣山寳公塔院西桃花塢側宋淳熙十一年僧靜海請額於縣北東陽鎮建寺號寳公塔院永樂十五年歸併西大泉寺

明慶寺在縣治東北四十五里望仙鄉宋紹興間定額
祖師始建永樂十五年歸併興教寺
般若寺在縣治東北三十里移風鄉宋紹興間時相禪
師始建洪武二十四年歸併崇明寺
小金山寺在縣治西南四十里上容鄉舊名道林堂紹
興間公山祖師募鄉民周國茂出財建造南海牙作
記洪武二十四年歸併圓教寺正統初僧人了德率
徒本源本林苦行脩理建造佛殿山門天王羅漢法
堂藏殿規模壯麗儼然可觀記見文章類
華藏寺在縣治北七十里鳳臺鄉元至元間崇浩祖師

建後因無僧歸併寺額存焉
前光寺在縣治南一十里福祚鄉宋紹興間慧元祖師
始建永樂十五年歸併崇明寺
東大泉寺在縣治東北五十五里望仙鄉唐武德間常
詣禪師始建原成叢林
西大泉寺在縣治東北五十里移風鄉宋昇明二年邑
人楊繼祖捨宅爲寺今從置縣北鳳壇鄉唐巷村陳
文琥建原成叢林
玉泉禪寺在縣治北五十五里鳳壇鄉舊名玉泉庵宣
德間僧道頴建造改今額有碑記見文章類

寶山寺在縣治北四十里鳳壇鄉宣德年間僧縕衲頭
建造改今額
光宅寺在縣治東移風鄉十里由檀越江氏建造俗呼
江墳寺永樂十五年歸併崇明寺
慈恩寺在縣治南七十里政仁鄉宋端平元年思度祖
師建永樂十五年歸併延福寺
慶和寺在縣南三十五里上容鄉宋景定間玠禪師建
永樂十五年歸併圓教寺
均慶寺在縣治東北四十里望仙鄉元大德間永寶祖
師建永樂十五年歸併禪心寺

奉聖寺在縣治東四十里望仙鄉舊名永定宋開寶間
寶亮祖師建
龍華寺在縣治西南三十五里臨泉鄉赤山上久廢景
泰二年復興
聶行寺在縣治西五里通德鄉聶行山今廢
戍山尼寺乾道志在縣治北六十里仁信鄉唐景福中
建慶元志在下蜀鎮有縣首座塔韓子蒼銘今廢
彭山庵在縣治西南七里福祚鄉地勢盤曲流水環繞
舊有白岩古刹年深倒塌宣德間僧真觀徒宗繼啓
心脩行人多愛慕義官朱德潤作倡造方丈以居僧

衆捨田山以資衣食改名彭山庵附籍庵之東有石蹲踞宛如猫形三月清明人多於此遊翫焉

善應庵在縣治東五里句容鄉唐貞觀間法海祖師始建永樂十五年歸併崇明寺

圓通庵在縣治東北四十里望仙鄉元至正間怡祖師始建永樂十五年歸併禪心寺

勝潭庵在縣治東北四十里望仙鄉宋咸淳間隆禪師建永樂十五年歸併禪心寺

平泉庵在縣治西北五十里瑯瑯鄉元延祐間正廣祖師建永樂十五年歸併興教寺

普度庵在縣治北四十里元延祐間大徹祖師建永樂十
五年歸併西大泉寺
奉祠庵在縣治東四十里望仙鄉宋德祐間性禪師建
洪武二十四年歸併禪心寺
顴雲庵在縣治東三十里來蘇鄉宋紹興間瑛禪師建
永樂十五年歸併崇明寺
顏墳庵在縣治東三十里來蘇鄉唐淳祐間顏魯公建
永樂十五年歸併東霞寺
敬德庵在縣治東二十五里句容鄉至元元年覺成祖
師建造至今殿宇碑石猶存

許村庵在縣治西二十里通德鄉皇慶間行悅祖師建
永樂十五年歸併崇明寺
善慶庵在縣治南七十里元至正間清安祖師建永樂
十五年歸併圓寂寺
觀音庵在縣治東北四十里望仙鄉宋嘉定間璿祖師
建無僧歸併
任墳庵在縣治北三十里孝義鄉宋紹興間恭祖師建
永樂十五年歸併崇明寺
興谷庵在縣治北三十里鳳壇鄉元延祐間大有祖師
始建

相王庵在縣治東北三十里孝義鄉宋嘉定間義祖師
建永樂十五年歸併崇明寺天順間僧會福通重建
殿宇山門两廊翼然嚴整
寶積庵在縣治西北七十里瑯琊鄉元延祐間德茂祖
師建永樂十五年歸併西大泉寺
興古庵在縣治南六十里上容鄉洪武初安徽祖師建
二十四年歸併天王寺
北圓通庵在縣治北二十里鳳壇鄉元泰定間僧堅祖
師始建
觀音庵在縣治東南三十里句容鄉宋天寧院廢址洪

武間僧定惠始建景泰五年僧本能重建

廣惠院在縣治南三十里崇德鄉元天曆元年徹公祖師建洪武二十四年歸併延福寺洪武三十五年後興天順中義官凌溥倡率僧法昌重建佛殿山門講堂藏殿規模煥然

接待院在縣治東南三十里句容鄉宋咸淳間祖淳祖師建洪武二十四年歸併東霞寺

大聖院在縣治東四十里望仙鄉宋景定間蟾祖師建洪武二十四年歸併禪心寺

招慶院在縣治東北四十里望仙鄉宋紹興間仁禪師建

證聖院在縣治北六十里仁信鄉唐咸通中賜額

觀音堂在縣治南三十里崇德鄉至正九年始建洪武三年裕山和尚重建至成化五年了净和尚募緣義官凌泮作倡脩造殿堂廊廡煥然一新

青元觀在縣治西南隅葛仙公故宅梁天監七年創宋皇祐二年重建有仙公煉丹井在焉陶弘景爲記國朝正統十一年道會朱崇先重脩本縣儒學訓導莆田林瑱有記十二年勅賜道經一藏成化癸卯冬殿廊燬於回祿弘治改元道會陳淵鑑住持朱嗣隆重修本觀殿廊内有四院曰東嶽

曰紫微曰真武曰三官前後建脩碑記俱見文章類

元符萬寧宮在茅山積金峰下嘉祐中有蜀人王畧於此結廬以煉丹藥後因事捨去劉混康初入山居之宋哲宗召混康赴闕下詔以所居為元符觀崇寧五年徽宗題其榜曰其元符萬寧宮建炎四年為盜所焚楊沂中以私財建造殿堂碑記見文章類

崇禧萬壽宮在茅山華陽洞南門之東即舊崇禧觀唐有道士王遠知入茅山師事陶弘景傳其道法高祖之潛龍也遠知嘗傳符命太宗平王世充與房玄齡微服以謁遠知曰此中有聖人得非秦王乎太宗以

實告遠知曰方作太平天子願自愛也太宗登極授重加禄位遠知固請歸山貞觀九年潤州置太平觀以處之後觀為盜所焚南唐昇元初重建宋祥符元年因祈禱改名崇禧觀建炎四年復廢于火紹興中再剏其祈嗣獲應每歲建金籙道場命句容縣宰充代拜官設醮於此由是總轄諸山此觀為甲延祐六年改額為宫張商英有碑銘見文章類

下泊宫在茅山中茅峯西茅山志云大司命君以漢地節三年自咸陽昇舉徑來句曲外立茅舍以候二弟處也陶隱居云父老相傳是司命故宅唐貞觀十一

年重立碑黃洞元文今碑廢至永樂七年壇官王文
理因舊址乃出己財重建之
祠宇在茅山中茅峯西垂唐天寶七年勅於廟下立
精舍度道士焚脩屯田員外郎柳識撰碑
華陽宫在茅山積金峯西舊記云本真白之上館唐天
寶七年勅度道士焚脩後燬於兵宋政和中重建
燕洞宫在茅山柳谷汧東宫之東南有燕口山三小山
相偶梁普通中有晉陵女子錢氏妙真辭家學道師
事陶隱居獨處幽巖誦黃庭經積三十年佩白練入
洞自後奉祀不絕至唐天寶七年興脩爲宫賜今額

太平觀在茅山側梁時陶隱居讀書萬餘卷善琴棋為諸王侍讀永明十年掛冠神武門居句曲山立館號華陽隱居宋元符中改太平觀即前崇禧觀基也

抱元觀在華山柳谷泉上舊名柳谷庵政和八年因陳希微脩行於此勅賜抱元為額慶元間王元綱重建

清真觀在茅山大羅源中宋政和中吳德清始建為道人棲泊之所徽宗朝賜以觀額紹興間每歲三月十八日四方道人皆會於此齋時多有鶴至謂之鶴會

玉晨觀在茅山雷平山北世人稱為茅山第一福地金陵志高辛時展上公周時郭真人巴陵侯漢時杜廣

平東晉楊真人許長史唐李玄靖南唐王貞素俱在此得道梁時陶隱居於此精脩為朱陽館唐太宗時為華陽觀玄宗時為紫陽觀宋大中祥符元年改為玉宸觀

白雲崇福觀在茅山中茅峯西白雲峯下先是華陽宮知宮道士王景温退居結廬於此紹興間名聞於上詔即所居為白雲崇福觀有宋實録院脩撰戴溪記見文章類

聖祐觀在茅山大茅峯頂延祐三年定額奉大茅君真應真君

德祐觀在茅山中茅峯頂延祐三年定額奉中茅君妙

應真君

仁祐觀在茅山小茅峯頂延祐三年定額奉小茅君神

應真君

崇寧觀在縣治西北四十里瑯琊鄉元元貞間陳凝和

建今額

昇元觀在茅山中茅峯西舊名白鶴廟政和八年俞卓

奏改今額今歸併白雲崇福觀

崇元觀在縣治東南四十五里茅山鄉齊建元中改爲

崇元館唐天寶七年重脩宋大中祥符七年改今額

洪武初歸併崇禧宮

乾元觀在茅尖橫山下昔李明於此合丹而升玄洲梁天監中隱居剏鬱壇齋室追玄洲之蹤舊為棲真堂

崇禧庵天聖間改賜今額

天聖觀在茅山積金峯上梁天監初陶弘景開創池沼唐真觀中建立至德中賜名火浣宮天聖三年賜名延真庵五年賜額為觀元末廢

天一真慶觀在縣治西北七十里瑯琊鄉舊名西崇真道院久廢今復興

崇壽觀在茅山大茅峯下華陽洞南齊建元二年立為

崇玄館天寶重脩宋大中祥符七年賜今額久廢

華陽觀在茅山崇壽觀西舊名鴻禧院寶曆二年勅置

即梁昭明太子舊宅宋治平中賜名鴻禧觀宣和初

改今額久廢

蔵真觀在茅山疊玉峯南臨大路劉靜一先生解真瘞

劒之地宋大觀中建賜今額

元陽觀在茅山茅洞之上初名冲虛庵慶元間請今額

五雲觀在茅山華陽洞西門五雲峯下宋天聖中王文

穆公欽若於此建庵景祐四年賜額為五雲觀慶曆

二年晏元獻公殊撰記

紹真觀在縣治北四十里移風鄉駒驪山神廟側已廢

葛仙公庵在縣治西門外一里許青元觀西仙公瘞劒之處宋末道士黄守燕董建殿宇元至元間道士徐延壽增創至元巳卯道士曹惟瑆建七星閣置道藏今歸併青元觀荒基尚存陳玉有詩見題詠類

冲虚庵在縣治北四十里仁信鄉塔山元至治間道士張雲髙建今歸併青元觀

寨河庵在縣治南六十里承仙鄉宋咸平間道士張興貴建今歸併青元觀

延壽庵在縣南五十里承仙鄉元至元間道士蔡師信

建今歸併青元觀
唐陵廟庵在縣治東南六十五里承仙鄉元至元間道士趙宗岩建今歸青元觀
祠山庵在縣治南七十里政仁鄉宋延祐間道士朱守常建今歸併青元觀
衍慶庵在縣治南七十里承仙鄉元至元間道士李慶真建今歸併青元觀
上真庵在縣治東北十五里移風鄉元至元間道士趙福真建今歸併青元觀
凝雲庵谷神庵崇真庵俱在茅山拱辰谷宋淳熙間道

士呂尊賢趙師真尹志安建今歸併玉晨觀
碧虛菴在茅山拱辰谷宋紹興間道士賀德淸建今歸
併白雲崇福觀
居常菴潛真菴正一菴俱在茅山拱辰谷宋淳熙間道
士徐道常胡志全陶祖師建今歸併德祐觀
登神菴玄德菴俱在茅山拱辰谷宋淳熙間道士潘道
堅任祖師建歸併仁祐觀
柔和菴在茅山拱辰谷宋嘉定間道士楊德春建今歸
併仁祐觀
圓錫菴在縣治東南四十里茅山大羅源後徙龍尾山

前宋紹興間毘陵道者虞慧聰蓬頭跣行常捆業草屨以易米每夕拜斗十一夕感黑虎伏其傍高宗知名召見德壽宮賜以齋米對曰野人無用留作軍需上一笑放還山

唐若山庵　凝神庵　齊雲庵　天信庵　棲白庵

郗尊師庵　玉泉庵　雲谷庵　集聖庵　奉真庵

積金峯庵　迎真庵　二館庵　鶴臺庵　常淨庵

喜客泉庵　超然庵　萬松庵　俱妙庵　朝陽庵

思真庵　歸真庵　淨真庵　澄真庵　石堂庵

慶和庵　上喜庵　守柔庵　靈寶庵　抱朴庵

秀雲庵 青龍庵 真興庵 志和庵 素華庵
和福庵 仙臺庵 冊谷庵 寧真庵 脩然庵
靖虛庵 通泉庵 太和庵 致柔庵 潛神庵
善慶庵 妙法庵 熙真庵 如常庵 靈泉庵
四仙庵 洞陽庵 通靈庵 洪福庵 全真庵
黄寧庵 冲慶庵 崇德庵 玉虛庵 九錫庵
草堂庵 三華庵 寧壽庵 清淨庵 老壽庵
觀妙庵 洞清庵 東華庵 悟真庵 高靈庵
圓慶庵 朝真庵 隱深庵 抱陽庵 和真庵
仁和庵 抱元庵 集禧庵 至聖庵 拱極庵

養素庵　居靜庵　濟陽庵　朝元庵　百丈庵
體純庵　玄真庵　扶虞庵　寧淨庵　明真庵
澄虚庵　淨隱庵　凝熙庵　守一庵　常應庵
德善庵　熙寧庵　洞仙庵　養拙庵　玄通庵
德潤庵　洞玄庵　朝陽庵　玉液庵　見素庵
朝斗庵　迎真庵　延真庵　慶雲庵　瑞雲庵
已上諸庵按金陵新志并茅山志止收其名而不載
在山之某處及詢諸父老云廢已年遠莫考其詳
玄洲精舍在縣治東南四十里茅山鶴臺澗上至元間
蔣宗師立今廢基存

靈濟道院在縣治東北二十里移風鄉元至治間道士
王敬安建今歸併青元觀

靈寶道院在縣治東南四十里茅山鄉即王晨觀隱君
昭真臺故基唐宗師孫智清棲霞重建

西天寧院在縣治東南三十里句容鄉即元符宮左宋
崇寧五年賜額今廢

華陽道院在茅山積金峯東大德間王宗師建今廢

三茅道院在茅山元符宮大德間道士姜大珪建今廢

龍源道院在縣治西南四十里上容鄉五渚村天寶間
道士湯應崇創建其地峯巒環拱洲渚縈迴

國朝洪武初外史周易初讀書於此愛其幽静可以逃俗遂
撤舊葺新結屋終老成化五年道士孔應玄建真武
楼三清殿山門丈室參差竹樹之中風致頗佳

丘墓

古越王塚按金陵新志在句容縣王名翳周安王時薨
葬句容大横山下令不知其處
葛玄墓在縣治西南一里許墓前有葛仙庵正統九年
道會朱榮先重脩
晋護軍長史許穆墓在縣治西一里許
紀瞻墓在縣治東南二十五里

南唐簡王續墓在縣治西北二十五里
陳周弘正墓在縣治東三十五里
唐顏尚書墓在縣治東安蘇鄉後顏村
許司徒墓在縣治東白土鎮奉聖寺側
王師乾墓在縣治東三十里嘗爲廬循道三州刺史
葛府君墓在縣治西七里有碑及石門今俱廢
貲政管元善墓在縣治北下蜀鎮柔信鄉之原
趙總管士吁墓在縣治南政仁鄉慈恩寺側
光禄勳許光墓在縣治西城里
中書郎許尚墓在許光禄墓次

衡陽郡太守葛祚墓在縣治西北五里

晉

葛洪墓在縣治西一里許即葛玄之孫

西城縣侯許翽墓在縣北大墓前

叅軍許舊墓在縣北大墓前

淮陵太守許炤墓在縣東合流村

叅軍許群墓在縣北大墓前

都鄉侯許碓墓在縣北大墓前

襄陽太守許朝墓在縣北

南唐尚書徐鉉墓在政人鄉採山

梁陶居墓在縣東南雷平山墓前有石獸尚存

唐

王遠知墓在常寧鎮北路東有唐太平觀華表

李含光墓在縣南伏龍岡西南去雷平池二十步

常景昭墓在縣南伏龍岡李含光墓次

弘文館學士許叔牙墓在縣西十里

王軌墓在縣南陶隱居墓右

王棲霞墓在縣南雷平山

宋

金紫光禄大夫許確墓在縣治東白土鎮奉聖寺側

樞密院叅知政事王剛中墓在移風鄉王庵頭

衛尉少卿劉忠順墓在縣南良平山西

翰林脩撰江賔王墓在縣治東光宅寺西南

承事郎江仲文墓在縣東光宅寺傍

咸和居士高志崇墓在縣東小陂塘上

大理評事戴常墓在縣南大松園

國子祭酒戴九成墓在縣南唐陵村

御史許延年墓在縣西南福祚鄉豊塘

張孝友墓在縣北移風鄉東卯岡

洪州通判許延昌墓在縣西南福祚鄉豊塘

張安府墓在縣北仁信鄉墓前有石人石獸華表

隱士周省一墓在縣南上容鄉牛頭山

開府徐官使墓在下蜀街證聖院西山上

中散大夫上柱國徐運使墓在縣治北下蜀街

丞相曾布墓在縣北角里店

德軒處士徐公墓在縣南政仁鄉前徐村

東溪朱先生墓在縣治東良使干

元

贈崇明州知州鄒文明墓在縣東陳巷前有石人石羊

任真州判官王德甫墓在縣北移風鄉蔡家橋

南山處士張氏瞻墓在楢庄村

戴一貴墓在黄林岡子君實同塋

贈溧陽州判官劉德甫墓在縣東劉亭岡

浙江杭州府總管孫彥卿墓在縣北移風鄉

贈溧水州判官陰元圭墓在縣南隆敬里

揚州鹽運司提舉孫善卿墓在縣北移風鄉

前補貢進士夏道山墓在胡塘之原

松巖處士鄒公墓在縣東來蘇鄉陳巷村

國朝

義士張觀墓在縣南三里許南橋義隴兄弟同穴

山西按察司僉事高志墓在縣東移風鄉駒驪山

湖廣興國州知州樊繼墓在縣東南笪家邉

南京錦衣衛指揮僉事王裕墓在瑯琊鄉冑寨

南京刑部員外郎張銘墓在縣東南崇德鄉懷道村

封溧陽伯紀賾墓在縣東句容鄉紀家邉

贈南京吏部尚書曹均昂墓在縣南承仙鄉箭塘山

刑部郎中謝璘墓在鳳壇鄉華麓山

廣東廣州府同知陳遜墓在縣東北三里許上羊村

封監察御史張逸墓在縣之南橋義壟

南京太僕寺寺丞潘延墓在縣北陳巷村

封監察御史曹琛墓在縣南承仙鄉箭塘山
南京欽天監監正高晃墓在縣西北瑯琊鄉胄寨
江西建昌府同知周禮墓在縣南五渚村牛頭山
大名府南樂縣儒學教諭曹暹墓在縣北移風鄉
南京吏部尚書曹義墓在縣南承仙鄉箭塘山
湖廣荆門州知州朱珉墓在縣北瑯琊鄉七星山
隱士居處端處謐難兄難弟墓在移風鄉小干橋
北京太僕寺卿張誠墓在縣之南橋義壟
山東青州府通判居輔墓在縣之東北移風鄉小干橋
浙江台州府通判孔彥綸墓在縣南福祚鄉許巷村

山西道監察御史戴仁墓在縣南臨泉鄉

封監察御史[illegible]以寛墓在縣南崇德鄉

浙江象山縣知縣凌傅墓在縣南崇德鄉

四川温江縣知縣高謌墓在縣東北移風鄉駒驪山

竹溪清隱王處士墓在縣治北移風鄉蔡家橋

江西饒州府同知包文學墓在縣北鳳壇鄉五里牌

四川安岳縣知縣蘇潤墓在縣北瑯琊鄉龍潭青山

保定府經歷王永寧墓在縣治南崇德鄉

浙江桐鄉縣學教諭王綬墓在縣治北鳳壇鄉

河南汝寧府汝陽縣學教諭李質墓在縣治東来蘇鄉

義塚

宋崇寧三年詔天下府州縣邑立漏澤園以濟死無瘞所者今之義塚即其遺意也成化十八年聽選官朱琎陳言設立知縣李澄乃於邑之四郭勸捨及置買山地各竪坊牌寫圖書契立為義塚界限秩然卷宗明白使貧民之衆生雖無立錐之地死葬有埋骨之所身屍庶免於暴露鴉犬不致於傷殘其仁德及於冥冥者豈淺淺哉士夫於李侯有循良六詠詩此其一也詩見題詠類

東郭義塚在邑厲壇東地名鬼子巷丘靠南朱泰張敏學

共捨民地叄畝為之

西郭義塚在縣治西門外大路南地名覩山青元觀致
仕道會經丞常捨民山叄畝為之

南郭義塚在縣治南橋東福祚鄉地名樊山民人魚曾琀
捨民山肆畝為之

北郭義塚在縣治北門外馬廠路東地名尖山官用價
銀叄兩與民人錢貴買山貳畝伍分為之

先賢遺跡

南軒書院在縣治東北三十里移風鄉宋咸淳四年創
立大德元年起蓋南軒先生華陽伯張宣公祠堂書

院墻垣尚存本縣至今有南軒書院田粮

茅山書院天聖二年處士侯遺於茅山營書院教授生徒積十餘年自營粮食知江寧府王隨奏欲於茅山齋粮庄田內量給三頃充書院膳用從之遺跡尚存

投筆塚在縣治東南崇德鄉水北村相傳晋王羲之遊息於此乃作字投筆之處也遺跡尚存

祠廟

宣聖祠二所一在福祚鄉許巷宋紹興間四十八代孫孔端隱任江寧府察推因家句容清城立祠奉祭

國朝永樂十八年五十八代孫孔禧改移於今處五十六代

孫孔希潮記其事正統八年巡按監察御史徐郁奏
准蠲免差役一所在縣治東南隅四十一代孫孔端佐扈從宋
高宗南渡因家句容至五十七代孫孔逢吉充集慶
路句容縣儒學主奉祠祀正統八年巡按監察御史
徐郁勘係的派奏
准蠲免差役是年五十九代孫璉仍於舊址重建祠以崇祀焉
鄉賢祠舊在儒學講堂之西祀唐張常洧劉鄴一公胡
炳文作記至天順三年移於大成殿東南文奎樓之
内成化六年知縣張惠教諭徐軫重立木主增入晉
許謐吳唐固唐許叔牙宋朱南強元樊淵

國朝唐保八朱純高志樊繼曹義張逸周禮張諫孔彥綸十
四人每歲春秋以特牲祀之
唐顏魯公祠在縣東三十里來蘇鄉顏家村宛陵太守
王遂作記見文章類
元御史中丞伯嘉訥祠在縣西葛仙菴前至正壬辰平
賊有功立祠祀之
城隍廟在縣治南至元丁丑創立
國朝景泰三年知縣浦洪重建有碑記見文章類
吴季子廟在縣東四十五里地屬延陵孔子題其墓曰
嗚呼有吴延陵季子之墓謁祠下者有詩見題詠類

三茅真君廟在縣治東南四十五里茅山鄉漢明帝時
詔勑郡縣修造紹興戊寅重建詳見茅山志

張王廟在縣南十里福祚鄉南鈴塘廟北有張墓數百畝紹興經界時蠲賦禁民佃東有石柱前有陂池相傳王飲馬於此舊額忠佑靈濟廟今額正順忠祐靈濟昭烈行祠以顯跡桐汭及以此為行祠

廣濟廟在茅山大茅峯廟前有龍池昔陶隱居遷雷平池小龍豢養於此歲旱禱雨府縣官迎請致醮每應紹興間勑封敷澤廣應侯至我
國朝每歲驚蟄命有司致祭焉

護聖侯廟在茅山玄符宮即元符宮神祠我
國朝即其舊址祀句曲山神每歲五月五日有司致祭焉
文孝廟在縣治東門内梁昭明太子嘗從陶隱居學有
宅茅山故邑人祀之景泰三年重修
武烈廟在縣治東門内南唐陳果仁以陰兵助柴克宏
取捷奏封武烈帝詳見金陵新志
劉明府君廟在縣治東南塩巷裏晋劉超為邑宰有德
政在民立祠祀之至
國朝天順間諸城劉義作丞陞令二十餘年惠澤及人通邑
感戴去後亦肖像於内祀焉大學士李賢有記頌見

文章類
沈史君廟在縣治北六十里仁信鄉下蜀鎮西北又有
沈公橋神即宋之沈慶之也淳凞間從政郎張巖為
文祭之詳見金陵新志
祠山行神廟在縣治南四十里上容鄉朱庄坊
達奚將軍廟在縣治東南隅白羊門內事見仁威壘至
元庚辰重建有碑記成化間令簿張蕙林恭有詩見
題詠文章類歲久傾圯弘治四年耆民李榮貴等募
衆脩理完美可觀
五顯廟在縣治東門內宋景定間建後廢至二

國朝宣德間復開廣舊基重新建造弘治元年圮於回禄廢
東嶽廟在縣治東門内宣德二年重修弘治元年圮於
回禄今廢
真武廟在縣治東北崇明寺街宋景定間建造坊民累
代修理殿宇廟貌至今完美
李衛國公廟在縣治東南隅唐武德四年輔公拓據丹
陽反時公檢校桂州總管高祖召公副趙郡王孝恭
討之公將輕兵直抵城下公拓敗走擒其未降者戮
於句容郡茅川新城以謝百姓新城即句容縣也公
躬親撫慰遺民賑卹窮乏父老立公生祠祀之迄今

幾千年廟貌如舊

西祠山廟在縣郭之西宋天聖間建造正統成化間重修重門四廊正殿後宇深邃可觀

三聖廟在縣治東南隅晝錦坊宋元間建造天順五年致仕尚書曹義重脩有記見文章類

盧天王廟在縣治西北六十里瑯琊鄉東陽鎮

射烏廟在縣治西北六十里瑯琊鄉射烏山

龍王廟在縣治東三十里來蘇鄉虎耳山龍鳳九年令陳俊德禱雨有感新其殿宇俞希魯為之記見文章類

將軍廟在縣治南三十五里上容鄉北墅村相傳為毗

沙門神俗呼爲獨行将軍

社公廟在縣治西北十里許瑯琊鄉

夏禹王廟二所一在縣東來蘇鄉秋千村一在崇德鄉蘆江村臨赤山湖

張果老廟在縣治東望仙鄉張果老洞前

曹王廟在縣治南福祚鄉王諱彬謚武惠宋初統兵平南康不殺一人邦人感之故立祠祀焉

駒驪山神廟在縣治東北移風鄉駒驪山下

秘書郎廟在縣治東南句容鄉秦檜巫汲江貫王甞過廟前有異報後三人皆登第任顯官人愈崇信之奉

祀不怠

竹里廟在縣治北仁信鄉倉頭市

宋明府君廟在縣治北孝義鄉丁岡村

五達靈廟在縣治北移風鄉崙山前

聖姥廟在縣治北瑯琊鄉龍潭鎮

相王廟在縣治東孝義鄉郗家村

栢濟王廟在縣治東來蘇鄉鎖山村

光里真武廟在縣治東北移風鄉十里內有西濟王祠

白土五顯廟在縣治東望仙鄉白土鎮

明著天妃廟在縣治東北瑯琊鄉東陽馬家埠石山上

五司徒廟在縣治東北瑯琊鄉龍潭鎮青山酸鹹崗側

文昌廟在縣治南政仁鄉東岡村

華山劉府君廟在縣治北瑯琊鄉華麓山之陽

白和山人廟在縣治北仁信鄉白和山

祈山廟在縣治北瑯琊鄉祈山上景泰間民張興宗重脩

縣衙土地廟在縣治內東南

馬神廟在縣治北馬厰東景泰間管馬主簿湯[illegible]脩

湖熟姑廟在縣治南二十里福祚鄉奇千村古樂府神絃歌有湖熟姑曲曰湖熟赤山磯大姑居湖東小姑居湖西是也今存

橋梁

白鶴橋在縣治東南三里一十五步茅君内傳云大茅君每年十二月二日駕白鶴於此會諸真故以名橋

沈公橋在縣南二十五里沈公謂沈慶之也

赭渚橋在縣東一里二百四十一步

歸善橋在縣南一里一百七十五步昔有虜將殺人至此見義姑遂不忍殺故名橋曰歸善

於鄉橋在縣南二十五里崇德鄉

西霸橋在縣南三十五里茅山鄉

降靈橋在縣南二十七里句容鄉

義城橋在縣南二十里福祚鄉

高平橋在縣西南三十五里上容鄉

斜橋在縣東五里來蘇鄉

柳橋在縣北二十五里孝義鄉有前柳橋後柳橋

懸毒橋一名沿陸在縣西十五里通德鄉周瑜常駐軍
於此處

宣家橋在縣西北三十里瑯琊鄉

永安橋在縣南七里福祚鄉下有小港掃於秦淮

降真橋在縣東南茅山玉晨觀西三十里橋是也

蘆江橋在縣南三十里崇德鄉蘆江村

集仙橋在縣東南一里許白羊門外因其路通茅山故名有詩

劉師橋在縣北七十里瑯琊鄉

蘇行橋在縣北二十里孝義鄉

泥湾橋在縣北十四里孝義鄉

紅鶴橋在縣東四十五里望仙鄉

陶堰橋在縣南五十五里

新昌橋在縣南五十里

石彭橋在縣北六十三里瑯琊鄉

張堰橋在縣北五十里瑯琊鄉

淡塘橋在縣南七里福祚鄉
張橋在縣南二里一百七十五步
省塘橋在縣東二十五里來蘇鄉
社壇橋在縣西九里通德鄉
周郎橋在縣西二十里周瑜嘗經歷於此故名
土橋在縣西二十五里土橋鎮
湖西橋在縣南三十五里臨泉鄉
牛橋在縣南四十里上容鄉劉巷村
西溝橋在縣南四十里上容鄉劉巷村宋乾道四年隱
士周省一建造石刻尚存

華橋在縣北三里許今名紀華橋
謝家橋在縣南十里上容鄉
荆干橋在縣南五十里上容鄉
後白橋在縣南四十里上容鄉
社公橋在縣西北十里瑯琊鄉
竹里橋在縣北六十里仁信鄉竹里山下
常寧鎮橋在縣南五十里
社橋在縣南四十里茅山鄉
小干橋在縣東北五里移風鄉
蔡家橋在縣東北五里移風鄉

光里橋在縣治東北十里移風鄉
清陽橋在縣東北仁信鄉
坎壇橋在縣東北七十里仁信鄉
西溪橋在縣西南四十里上容鄉
澗西橋在縣北二十里澗西鋪
郭西塘東西二橋去縣治西二里許
龍源橋在縣西南四十里上容鄉
苦竹橋在縣東三十五里
井莊橋在縣治東南十五里句容鄉凌家庄成化丙申
邑民孫文質等捨財建造

東橋在縣治東門外舊名楊公橋又名朝宗橋
南橋在縣治南二里許舊名政惠橋
平政橋在縣治南欲其平政訟理也故以名橋
三思橋在縣治大街税課局西
集慶橋在縣治東門内俗呼為方橋
句曲橋在縣治東北崇明寺街口俗呼為寺橋
八字橋在縣治北街以其路分兩岐如八字故名
官橋在縣治南城隍廟街以其溝渠合流坊市之水
分水橋在縣治北興教寺東住持果天然建造

道路

竹里路在縣北六十里倉頭市東有竹里橋南邉山北濵大江父老云昔時路行山間西接東陽遶攝山之北由江乘羅落以至建康宋武帝討桓玄其路經此令城東余婆岡至東陽路乃後世所開非古路也

姜巴路在小茅山後通延陵秦時有士周太賓及巴陵侯姜叔茂者来住句曲山下秦孝王時封侯故以姜巴名其路

上容路在縣南三十五里上容鄉梁鑿上容瀆東通雲陽以達吳會西通江寧以抵建康故有上容路徐陵

上容碑有云濤如白馬既礙廣陵之江山曰金牛用險梅朝之路莫不欣兹利涉玩此脩渠

津渡

下蜀渡在縣治北七十五里瑯琊鄉

東陽渡在縣治北八十里瑯琊鄉

白茅埸渡在縣治北八十里東陽鎮側

古跡裁革衙門

茅山巡檢司故址在茅山鄉常寧街今爲崇禧宫地

下蜀巡檢司故址在仁信鄉下蜀街今爲戍山寺地

東陽巡檢司故址在瑯琊鄉東陽鎮今地存民居

東陽稅務故址在瑯琊鄉東陽鎮今地存

常寧稅務故址在茅山鄉常寧街今爲崇禧宮地

白土稅務故址在望仙鄉白土市今爲民居

昭華驛故址在縣治大街東或云望仙驛是也

雲亭驛故址在縣治西門外今爲預備倉

竹里驛故址在仁信鄉倉頭市今爲竹里廟存焉

青陽驛故址在移風鄉即青陽館或云祿陽館是也

望仙驛故址在縣之大街南今爲儒學

下蜀驛故址在仁信鄉下蜀街今爲戍出寺地

柴溝驛故址在鳳壇鄉柴溝市今爲華藏寺地

老鶴嘴馬站故址在鳳壇鄉老鶴嘴去縣北七十里今為靈谷寺地

下蜀馬站故址在仁信鄉下蜀街去縣北七十里今為戍山寺地

東陽水站故址在瑯琊鄉東陽鎮去縣西北七十里今為民居

句容縣志卷之五

句容縣志卷之六

儒學訓導淳梁程文仲昭纂輯
致仕同知邑人王韶思舜校正

人物類

名宦

晉劉超字世瑜琅琊臨沂人為句容令推誠於物為百姓所懷入為中書通事郎以功封零陵伯邑人肖像崇祀今縣治東北隅劉明府君廟是也

南北朝孫謙字克讓南齊為句容令清慎强記洞鑑幾微邑人號為神明

唐岑植字德茂南陽棘陽人以明經擢第授潤州句容令達於時事明於治理政不嚴而自肅化不令而人從在任加朝散大夫江東道黜陟使原乾曜重之因薦于朝張景毓撰德政碑見文章類

楊於陵字達夫陝西人漢太尉震之裔父太清倦宦客朔方死安祿山之亂於陵始六歲間關至江左逮長有奇志十八擢進士調句容主簿時韓滉節制金陵性剛嚴少許獨奇於陵謂妻柳曰吾求壻無如於陵賢遂妻以女後歷官至浙東觀察使越人飢曾請出米三十万石以濟之故政聲流聞入為京兆尹稷

宗立遷户部尚書為東都留守數上䟽乞身不許授
太子少傅封弘農郡公俄以尚書左僕射致仕詔賜
實俸讓不受於陵器量方峻進止有常度節操堅明
始終不失其正時人尊仰之太和四年卒年七十八
冊贈司空謚貞孝四子景復仕至同州刺史紹復中
書舍人師復大理卿嗣復位宰相

郡全邁天佑間為句容令廉介不阿剛毅有為脩築城
垣慎固封守民多德之

宋張似建隆二年為句容縣尉上書陳十事帝嘉納之
擢監察御史

丘濬字道源黟縣人天聖中登進士第因讀易悟損益二卦自此能通數知未來興廢早歲遊華陽洞景佑間求為句容令秩滿以詩寄茅山道友曰鳴鳳相邀覽德輝松蘿從此與心違孤峯萬仞月正照古屋數間人未歸欲助唐虞開有道深慚茅許勸忘機明朝又引輕帆去紫术年年空自肥歷官至殿中丞壽終八十一

方竣慶曆間為句容令廉慎有為愛民興學重脩夫子殿宇自為文以記之見文章類

葉表元豐間為句容令下車之初首詢風俗崇尚德化

以學館汙漏度縣南廢驛遷造即今之儒學也學成
自為文以記之見文章類
趙時侃金壇人慶元四年為句容令初縣有和買之弊
民甚困之侃狀其事上之於府乞均豁又脩學宫取
没官田隸之以養士時人祀其像於學仕至工部侍郎
張偘邦城人寶慶三年為句容令政通人和百廢俱舉
紹定元年開放生池築亭作記是年有五瑞產於縣
境漫塘先生劉宰記之江千里有跋碑在儒學明德
堂内錄見文章類
張榘南徐人淳祐　間為句容令脩德行政敦崇儒教製

祭服之禮儀歲將大比設文會以嚴課試生徒多所造就邑民為之感化

王子巽字彥齊潼川人寶祐癸丑進士咸淳間為句容令持身清正蒞政公平民皆頌德葺搆堂三間於廳後扁曰明清趙子寅作記見文章類

龔濤字仲山東平人紹興壬申為句容令履行端方飭吏治以儒術修舉廢墜首先學校士風為之丕振

吴琪括蒼人紹定間為句容令公平正大有守有為當軍事方殷供應絡繹上不慢令下克撫綏田里晏然絃歌滿耳故作興學校恢擴舊制試一新之

元程恭至大間爲句容令存心仁恕勇於行義延師儒敎士子人多向慕又立鄉賢忠孝二祠以勵俗焉

趙靖至大間爲句容令到任首建學校上司常歲科紅花靖乃力辭以爲非土產獲免民至今德之

李溥字叔敬彰德人至正間爲句容令臨民簡重作事果敢興學育材遠近咸愛戴之

張承務字士貴邯鄲人至正丁亥爲句容令才識高邁行政裕如當盜賊猖獗供應克期撫綏黎庶萬衆賴

學本末具舉得爲政之要

國朝

王成字國用湖廣蘄春人洪武初爲句容令存心公恕爲事果毅賦役均平獄訟明決邑人以廉幹稱之

韓繼字思孝河間人洪武十年爲句容令居官廉明不事苛察民多德之

朱彤字彥功湖廣蘄州人洪武三十二年爲句容令秉持公直政尚寬平學校壇壝多所修理後陞浙江紹興府通判

盧信字信忠浙江臨海人洪武三十二年任縣丞愷悌仁恕苛刻不行後累官至刑部廣西司郎中

徐大安永樂十一年爲句容令廉守有爲凡於廢墜竭

力修舉民皆慕之

周庸　節江西清江縣人永樂十五年為句容令持身廉勤待民公恕作興士類屏除奸邪陞膠州通判

許聰　河南南陽府人宣德二年為句容令臨民簡易處事果決均平賦役作興學校後陞浙江塩運司運判

張昇　浙江杭州府人正統初由御史出宰句容練達治體政教兼舉邑民為之感化

韓鼎　浙江定海縣人正統七年由舉人為句容令存心正大行政簡要吏民多所畏服忽疾卒於官

浦洪　字會川浙江秀水縣人正統十四年由監生為句

容令廉靜簡易愷悌慈祥尤善於琴大學士李賢薦
陞大理寺司副
劉義字循道山東諸城縣人景泰元年由舉人任縣丞
廉公有爲愛民如子天順初巡撫尚書李旻疏其績
陞本縣知縣除奸革弊訟無停獄撫字勤勞視前益
加嘗設社老治民婚喪禁止奢僭民皆化之成化四
年滿去邑民送者遮道有兩任句容二十秋攀轅臥
轍莫能留之詩今肖像祀之
張惠字廷芳忻州人由進士爲句容令矜嚴自持吏民
畏服政平訟簡公庭肅然暇則以詩酒爲樂隨處題

詠歷任三年臺憲屢加獎勸成化八年擢監察御史

徐廣字居仁曹州人由進士為句容令剛果有為恤貧弱化強暴尤留心學校重建大成殿修葺兩廡戟門吏部侍郎尹直作記成化十七年行取赴部未及擢用而卒

梁駿通州武清縣人成化間任本縣典史秉性剛直持身廉介居官八載終始一心督造黃冊分毫無染吏民無不敬服梁以幕職而能守廉可謂難矣

賈禎字廷瑞陝西安化縣人由監生成化二十一年為句容主簿蒞任三月平易愛民時值亢旱徒跣躬詣

三茅山迎龍禱雨往回拜跪一念之誠期在格天冐險行至城隍祠下偶罹暑毒卒縉紳士夫以至鄉民感嘆不既皆形諸歌詠以哀挽之

李澄字天映西華人由進士爲句容令心存仁恕政尚清勤嘗遍書訓詞勸民爲善捐俸市藥以濟貧病買地立阡以葬窮民成化二十二年行取赴部擢監察御史

王僖字太和浙江長興人弘治初由舉人爲句容令守廉勤政存心愛民下車遇旱禾稼將枯設壇祈禱徒跣懇拜三日甘雨如霔因獲有秋士民形諸歌頌且

興學育材急𣴎首務積穀備荒尤加意焉

師儒

元劉德秀至元間為本縣儒學教諭善於啓迪與令李
允中同心協謀重脩明德堂刻累朝封號綸音於石
胡體仁字長卿縣之坊郭人性敏工文授本縣儒學教
諭其家世以儒鳴

國朝

許淳字好古縣之坊郭人治書經洪武間以明經保任
本縣儒學訓導後陞贛州府瑞金縣知縣
朱純字子一縣之來蘇鄉人治詩經由儒士任本縣儒
學教諭善詩文

樊篠字楚英縣之坊郭人明書經能古作洪武初知縣

黄守正以經明行脩保任本縣儒學教諭號寧野

胡勲字善養縣之坊郭人治易經由儒士任本縣儒學
訓導能詩文

江源字本初縣之坊郭人治書經由儒士任本縣儒學
訓導能詩文號牧隱

鄺子輔湖廣郴州人永樂十八年由舉人任本縣儒學
教諭質直老成不事阿佞能以師道自尊迄今生徒
称之

趙學拙字輔之南平人永樂間由舉人任本縣教諭操

履端方學問該博修理學校訓誨生徒咸盡心焉有效
纂集行於世

陳信字秋鴻浙江嘉興人宣德間由舉人任本縣儒學教諭博古通今工草書善吟咏縉紳多推重之後陞南京
武學教授

陳玹字廷珎江西南昌人正統初由舉人任本縣儒學教諭以詩經教授諸生勤懇不倦隨其資稟高下嚴立考試之法務使學有進益後陞常州府學教授

林瑱字廷美福建莆田人正統四年由舉人任本縣儒學訓導長於問學勤於施教以書經與陳玹先生協心訓

誨寒暑不怠以致科第相繼不絶至今詩書二經習
學者多其源有自後陞蕪湖教諭
黎真字自誠河間任丘人正統十一年由舉人任本縣
儒學教諭學行老成規矩嚴切生徒多得其啓迪所
以科甲不乏人後陞鰲山衛學教授
徐光大浙江紹興府會稽縣人景泰間由明經保任本
縣儒學訓導處己端方施教勤敏後陞國子監學正
轉監丞陞湖廣楚府長史卒于官
陳汝圭福建侯官縣人天順間由舉人任本縣儒學教
諭立心端正施教嚴肅弟子出於其門者皆知所向

而造就之功居多

徐軫福建侯官縣人成化間由舉人任本縣儒學教諭持身不苟施教有方師生之間恩義兼盡又能敦睦僚友尊礼士夫和氣春風藹然可敬滿去有送至數程不忍其別歸老於家不復起

潘浚字道本江西安福人成化間由監生任本縣儒學訓導能傳家學善教後人每於諸生講論必誘掖奬勸不以師位自尊故人之遊於門者益多士風為之一変而巡撫尚書王恕以其才能行咨吏部成化十九年陞當塗縣儒學教諭卒于官

鄭賢字良佐福建南平縣人成化間由舉人任本縣儒學訓導為人端謹教條縝密恩施弟子礼重士夫至於辭受取予一揆於義而不苟焉滿去人皆思慕不忘

陳元字文舉莆田縣人弘治三年由舉人任本縣儒學教諭存心正直問學優長蒞任以來終日端坐堂上與諸生講論探極奥義亹亹忘倦人皆悦服惜乎未久遽以疾卒聞者無不哀悼

流寓

唐顔真卿字清臣秘書監師古五世從孫杲卿從弟本山東兖州府人博學工書事親孝開元中舉進士擢制科調醴泉尉再遷監察御史使河隴時五原有寃獄久不决天且旱真卿辨獄而雨郡人呼御史雨累官平原太守後因禄山煽禍起兵討賊有功玄宗曰朕不識真卿何如人所為乃若此累遷尚書右丞立朝正色剛而有礼非公言直道不萌於心天下不以姓名称而獨曰魯公德宗時為李希烈所殺年七十六嗣曹王皐聞之泣下三軍皆慟上廢朝五日贈司

徒謚文忠賻布泉米粟加等詔子頵碩護喪還至句容塟於來蘇鄉虎耳山子孫迄今成族有顏魯公祠墓其村曰後顏村

宋呂祖囬本河南鄭州人宋丞相呂蒙正之後文靖公呂夷簡之四世孫今從祀孔子廟庭封開封伯祖謙之從兄弟慶曆間厥祖希道判楊州摠領建康子孫因家句容祖囬於乾道戊子寄居縣之東崇明寺文殊院南端平甲午卒葬于句容鄉蕭亭岡其子賢年昱之壬戌卒墓營祖囬同紹定六年縣司出榜云據太師申國文靖公孫呂祖囬狀本家係本朝勳臣之

後西北　流寓之家昨自乾道年間先父隨侍叔祖任建康捴領具備年給榜貼占崇明寺瑞像院空閑屋宇居止自後緣所住屋宇頹倒不堪就於原占地基上自行起造庵屋七間存着老幼今來慮恐外人不知事因妄行搔擾陳乞給榜本家門首張掛奉書判榜須至曉示至今印信榜文并文靖公遺像家譜文殊院祠堂俱存

劉光世本陝西保安縣人討賊有功　拜鎮海軍節度使後從高宗南渡為江東宣撫使置司建康累立戰功封楊國公卒謚武僖後追封鄜王子博為句容主簿

至今子孫占籍句容之坊郭鄜王遺像并追封誥勑
俱存見製詞類

國朝

劉良一名良臣本高郵州人由人材任中書省照磨洪
武二年六月奉
聖旨授承務郎應天府推官三年七月初一日在任病故親男
劉榮告給中書省兵馬都指揮使司文引般取家小
田還原籍行至句容地方見得江北擾攘因寓居縣
市後喜風土淳厚遂占籍縣之坊郭西南隅而以劉
榮為戶今子孫世家焉

忠勲

唐劉鄴字漢藩句容人父三復以善文章知名少孤母病廢三復丐粟以養李德裕爲浙西觀察使竒其文表爲掌書記德裕三領浙西及劒南淮南未嘗不從會昌時位宰相擢三復刑部侍郎弘文舘學士鄴六七歲能属文德裕憐之使與子共師學德裕既斥鄴無所依去客江湖間陝虢高元裕表署推官高少逸又辟鎮國幕府咸通初擢左拾遺召爲翰林學士賜進士第歷中書舍人遷承旨鄴傷德裕以朋黨抱誣死海上令狐綯父當國更數赦不爲還官爵至懿宗立

辭去位鄭乃伸直其寃復官爵世高其義進戶部侍
郎諸道鹽鐵轉運使以禮部尚書同中書門下平章
事僖宗嗣位再遷尚書左僕射
宋徐時昇句容人登政和八年進士第歿于王事贈中奉
大夫
國朝
孫炎字伯融句容人少博學善辯論長於詩歌
國初以延攬英雄從征浙東以功授處州揔制措置有方
境内皆服後為賊所执椏口大罵不屈賊怒拔刀叱
解衣炎曰此紫綺裘君所賜者我當服之以死賊遂

殺之追封丹陽男

紀廣句容鄉人鎮朔將軍特進榮祿大夫後軍都督府

右都督鎮守萬全優恤軍士嚴明號令虜寇寒心邊

民安堵景泰四年以疾卒于官

上為之震悼輟朝追封溧陽伯謚僖順弟勝扶柩還家遣官葬祭

諭祭文見製詞類

文人

晉葛洪字稚川句容人吳葛玄之從孫家貧好學究覽典

籍凡所著撰精核豐贍吳與大守顧祕檄洪為將軍

都尉廷伏波將軍元帝辟為丞相掾以平賊功賜爵

關内侯咸陽初選爲散騎常侍不就隱于羅浮山著
述不輟
許淹句容人多識廣聞精古訓與魏模公孫羅皆以博
學名家

南北朝

陶弘景秣陵人讀書萬卷齊高帝引爲諸王侍讀永明
中掛冠神武門入句曲山立館自號華陽隱居梁武
帝少與之遊及即位徵之不出凡有大事必咨詢焉
時人謂之山中宰相

吴唐固字子正句容人父翔爲丹陽太守因家焉固脩

行積學称為儒者著國語公羊穀梁傳註講授常數
十人孫權為吴主拜固自陸遜張温駱統等皆拜之
官至尚書僕射子璦別部司馬
梁周弘讓汝南人性簡素博學多通始仕不遂志隱於
茅山累召不出承聖初為國子祭酒尋為仁威將軍
城句容以居之號其城曰仁威壘
唐許叔牙字延基句容人邃於詩礼貞觀間遷晋王府
參軍拜弘文館學士獻詩纂義十篇太子寫付司經
御史大夫高智周見之曰欲明詩者宜先讀此
殷遥句容人有詩名善屬文天寶間仕為忠王府倉曹參軍

樊光句容人詩律清奇文辭豐贍天寶間仕爲硤石主簿

沈如筠句容人善詩文與殷遥樊光齊名天寶間仕爲

横陽主簿

宋侯遺一名仲遺句容人隱居茅山剏書院教授生徒積十餘年自營粮食天聖二年王隨知江寧府奏請於茅山齋粮所剩莊田内給三頃充書院贍用從之

周子華上容鄉人讀書以文名於鄉立義學教授鄉里搆樓三間集才人墨客講學賦詩丁宋季深遯不求仕進五世孫時中思慕先德葺其樓扁曰孝思與處真如心弘濟輩相繼講孝於其上各鄉子弟莫不受

業人皆以儒門称之

元陰元圭字君錫崇德鄉人幼於事親孝好學能文為池州教授江浙行省丞相脫歡辟為掾託餘杭主簿以母老乞歸養號石澗先生贈溧水州判官父德新贈溧陽判官母贈宜人

陰元愷字君舉元圭之弟重厚有文篤行孝弟田台州學正改嘉興府崇德縣傳貽書院山長晚號東野先生

夏疇字君範句容人家世業儒疇好學工詞賦尤工駢儷自號北村築亭扁曰疊玉日觴詠其間所著有北村集

樊仲式縣之來蘇鄉人博學工文孌易雲峯先生胡炳文同郡李桓有文名得仲式文讀之深加歎賞從兄敬之號雲嵓亦工於詩

趙作礪字公砥上容鄉人性穎悟好學少從雲峯胡公草廬吳公遊甚爲二先生器重江南行臺以卓異薦除嘉興教授再調武康教授後爲衍聖公薦除闕里教授晚歸于家以賦詩讀書自娛號礲齋先生

王肯堂縣之承仙鄉人博孝雄文士林推重以觴咏自樂忘形於泉石間不就徵辟所作有肯堂集若干卷傳于家

國朝

趙嚞字景先上容鄉人資性穎敏篤嗜學問所為詩文能追配古人有豪邁不可及者洪武十二年以博學薦試春官力辞不就職嘗自贊云謂尔為儒斈不逮古而粗能讀其父書雖忝有司之薦而乃推而弗居謂尔為農四体不勤而手不曾把犁鋤然則何為者閭閻偃蹇之士山澤之臞也夫

江東字東之縣之坊郭人宋編脩江賔王之後也性穎悟工於詩文同時之人皆推重之

栢純字斯文縣之坊郭人善吟詩作文教授鄉閭子弟

多樂從之

孔騏字萬里縣之坊郭人博通經史優於詩文不仕終于家

胡禮字公禮號月灘釣者縣之坊郭人讀書博學脩身謹行不樂仕進喜吟咏恒以推敲鍛鍊為工當時縉紳士夫皆推重之有月灘詩集

周剛字南强號草窓縣之崇德鄉人為人恬淡不近勢利自幼多讀書工於詩文隱跡山水之間不入城郭有貴家邀賞元宵答以詩曰勾容郭裏元宵夜児女燈前笑語譁老子山中扣不出坐邀明月看梅花所

積有草窓藁蔵于家

胡璇字舜夫號雲麓坊郭人家素業儒璇克紹箕裘博綜群書卓然以古人自期待不為流俗所動工吟咏善書邑大夫累請鄉飲獨加禮厚年八十餘膺冠帯而終致仕同知王韶誌其墓有雲麓藁蔵于家

張珂字盂声一字鳴玉號忍齋坊郭人蚤失父事母孝好學篤行涉獵經史長於吟咏教授鄉閭隠德弗仕其於窮達欣戚一寓於詩有忍齋藁蔵於家

忠節　二公所立皆有忠誠節義之氣足以警人故並錄之

戎簡句容儒士多讀書有智識

太祖高皇帝既平陳理簡入見語及陳氏之事簡曰主上向者敗陳氏於九江其衆既潰何不乘勝直抵武昌而乃引還今雖克之費力亦多矣

太祖曰汝儒者豈不聞覆巢之下寧有完卵乎況事有緩急兵貴權宜當陳氏兵敗我豈不知乘勝以蹴之兵法曰窮寇勿追若乘勝急追彼必死鬭殺傷必多吾故縱之遣偏師綴其後恐其奔逸料彼創殘之餘人各偷生喘息不暇豈復敢戰我以大軍臨之故全城降伏

一者我師不傷二者生靈獲全三者保全智勇所得不亦多乎簡大悅服他日與諸將論用兵方畧因諭之曰汝等非不善戰然臨事決機智或不足宜親近儒者取古人之書聽其議論以資智識前日戎簡所言吾雖非之然當時將校亦有勸我邀之下流而以全師壓之武昌賊衆可以全獲軍中皆以為奇謀不知簡亦能言之然皆非吾意也汝等當思之勿以吾不用簡言而遂輕儒者　見通鑑續編

唐起巖句容秀才住潘家村嘗為人言大德丙午有栗陽士人挈妻寓館其村值歲荒學徒解散貧甚夫婦

以績網給食一日其夫携網出賣不復還家妻餒守空房中士有利其姿色者恒爲給食居旬餘欲逼私之婦正色曰我非如是人也其人謂歲荒如此汝夫已餓死不還汝不從我我不供給汝亦餓死耳婦荅曰餓死與病死等耳我寧餓死不忍以非礼辱吾身其人絶去婦閉户益嚴弥日隣左共開視之則餓死矣惜不記其姓氏以補貞節傳之缺 見金陵新誌

賢良 賢謂有德良謂有才人有一焉皆膺薦擭用故備録之

晋許謐句容人少以博學知名仕爲郡主簿王道蔡楧辟從事不赴後官至散騎常侍

後周戴宏字大本號木齋句容政仁鄉人累官至礼部尚書孫九成宋國子祭酒墓在唐陵村

唐許儒字文舉叔牙子高宗時為奉常博士初長孫無忌等議祠令及禮用鄭玄六天說後罷六天說止祀昊天乾封初詔祀感帝神州以正月祭北郊儒等議請循武德詔書遂祭昊天上帝及五天帝於明堂長壽中歷天官侍郎弘文館學士封潁川縣男

宋陳九思句容茅山鄉人諫議陳東之後東於徽宗時伏闕上書請誅六賊至九思仕為翰林侍制扈從高宗南渡愛茅山風景遂家於吳墟村棄官不仕

王寀句容承仙鄉人性資英邁博學能文紹興中為翰林學士雖事文墨而謀斷不凡深為劉光世器重進知府事主管江東安撫司後歸老於家結屋於白陽里觴詠自樂以終身號白陽居士

元孫善卿坊郭人以儒行保任提領陞揚州運司提舉

孫彥卿善卿之弟由人材任浙江杭州總管府總管廉慎有為一方鎮靖方期顯用適以疾終于官

王德甫字體仁移風鄉人博學能詩元以儒行任真州判官公正有為保陞本州知州當元季飄然歸隱國初累召弗起營田築室種蒻自娛號曰蒻叟至今鄉

人称其所居之處曰官庄

國朝

張文昱移風鄉人以明經秀才任福建邵武府知府陞刑部侍郎善詩文尤工於書以所居之鄉有蒲塘因以自號

吴良崇德鄉人洪武初為耆老丰姿魁偉才識通敏除知府職署福建布政司事實授山東兗州府知府

孫伯玉崇德鄉人洪武初為耆老公勤能幹除知府職署福建布政司左參政事實授河南懷慶府知府

徐添慶崇德鄉人洪武間為耆老公正有為除袁州府

通判致仕永樂七年復取署安慶府事
戴顒句容鄉人由楷書入監任户部河南司主事
朱綽字克裕来蘇鄉人由儒士任平陰主簿善詩文尤
長於楷隷
翁學字孟學坊郭人善草書寫竹永樂間以人材舉秘
閣脩書授太常典簿降廣東瓊崖巡檢後陞廣信府
知事卒于官
陳玉字温瑜號雪崖坊郭人博學能詩永樂間以人材
舉秘閣脩書應
制考龍河秋色詩拜官不就卒老於家有雪崖集

陳登字從善坊郭人篤信好古力學慎行其文詞制作
高邁宏偉甚有古人風味元末隱於句曲山中優游
自樂吟咏不輟
國初恭贊元戎幕與孫炎栢融夏煜允中輩才名相頡頏平
生所作極多後皆散逸所存者惟西掖藁
蔣用文琅琊鄉人永樂中以儒醫薦官至太醫院判
仁宗皇帝嘗稱其嘉言足以裨治道學士楊文貞公言其所以
受知於
上者能隨事獻規不專以醫也卒贈院使謚恭靖召長子主善
世其官

孫英崇德鄉人由楷書入監授河南南陽府汝州判官

潘弘坊郭人由楷書入監授工部司務

劉復來蘇鄉人由楷書入監授

漢府工副

周保望仙鄉人以懷材抱德舉保授湖廣石首縣知縣

張良成坊郭人由老人任江西奉新縣丞

湯禹文坊郭人洪武間由人材任浙江鹽運司大使陞山東青州府昌樂縣知縣轉陞南京刑部主事自幼天性孝友居官公正廉幹縉紳士夫莫不重其賢且孝焉

鐵力必夫坊郭人由舉保任鴻臚寺序班

高冕字宗周瑯琊鄉人宣德間以精通曆學授欽天監五官司曆正統間進階登仕郎尋陞秋官監副景泰間進階承德郎贈父信如其官母張氏為安人封妻王氏為安人天順間陞南京監正平生處己端嚴待人和恕卒于官子輔授本監五官司晨

勑命四道見製詞類墓銘見文章類

沙琠坊郭人資性明敏舉保習四夷字授鴻臚寺序班陞通政司知事內閣辦事持身謹飭多為縉紳推重

王道明崇德鄉人以經明行脩授福建建寧府通判

曹冕字廷端承仙鄉人南京吏部尚書曹義之子以能

書選入四夷館習字授鴻臚寺序班内館辦事陞中
書舍人進階徵仕郎贈妻李氏爲孺人繼室陳氏封
孺人爲人聰明嗜學善於吟咏天順間丁父憂以疾
卒于家有可齋藁　勑命三道見製詞類
周曦上容鄉人性穎悟善屬詩文正統間以懷材抱德
薦授江西瑞州府經歷
高輔字廷弼縣之瑯琊鄉人南京欽天監監正高寬之
子自幼克承家學精通曆數天順間授本監五官司
晨爲人襟懷瀟洒應事敏捷爲縉紳間雅重咸以遠
大期之偶會不禄人多嗟惋

周劉字克柔縣之上容鄉人明敏好學善屬文辭蒙
韓府襄陵王奏選授朝列大夫宗人府儀賓
王陵字仲高縣之移風鄉人丰姿俊偉攻習舉業蒙
荆府都昌王奏選授亞中大夫宗人府儀賓爲
楚望縣主之配
倪壽字仁夫縣之承仙鄉人性資純厚舉動合禮蒙
誥命二道見製詞類
岷府　王奏選授　大夫宗人府儀賓
徐淮福祚鄉人聰明工於詩成化五年
恩賜中書舍人內閣辦事成化十年陞大理寺評事致仕于家

進士

唐胡悦字和仲縣之坊郭人會昌間登進士第任國子監
助教

宋張識張認本縣人兄弟二人同登慶曆二年楊寘榜進士

江遵道楊之道巫越同登熙寧九年徐鐸榜進士

徐時昇本縣人登政和八年王嘉榜進士 事見忠勲

巫孝立巫伋本縣人同登紹興八年黄公度榜進士

茜昌言江漢本縣人同登紹興十二年陳誠之榜進士

江賔王縣之坊郭人與朱文公同登紹興十八年王佐榜
進士初任泰興縣主簿陞任翰林院編脩

湯彥昇巫克恭本縣人同登紹興二十一年趙逵榜進士

巫孝傑本縣人登淳熙二年詹騤之榜進士

徐桂子胡廷桂本縣人同登咸淳七年張鎮孫榜進士

元朝設科取士已有定制登名進士者未必無人連月考訪皆不能得誠為缺典姑録其補貢進士一名鄉舉解元一名于後餘俟博雅君子補之

夏道山崇德鄉人元補貢進士今墓在胡塘之原

胡澤民字宗尹坊郭人元江浙省鄉舉解元任真州儒學教官

國朝

趙權字仲衡句容人洪武初進士任邠州淳化縣知縣

吳斌字廷憲縣之崇德鄉人洪武間進士任河南河南府知府

凌輅字用乘縣之瑯琊鄉人洪武十八年登丁顯榜進士任湖廣漢陽府知府

劉永字延齡縣之來蘇鄉人洪武三十三年登胡廣榜進士任四川瀘州江安縣知縣陞河間府滄州知州

范進字用升縣之孝義鄉人永樂二年登曾棨榜進士任陝西西安府鄠縣知縣

劉濬字子深縣之坊郭人永樂七年登蕭時中榜進士
任南京廣東道監察御史
曹義字子宜縣之承仙鄉人永樂十三年登陳循榜進
士授翰林院編脩轉禮部儀制司主事歷陞吏部文
選司員外郎中侍郎景泰初陞南京吏部尚書五年
推恩贈祖仲達父均昂皆如子官祖母李氏母經氏繼母吳
氏妻張氏皆夫人天順初
勑諭致仕五年以疾卒訃聞
上遣官塟祭
誥勑諭祭文神道碑俱見文章類製詞類

高志字味道縣之移風鄉人永樂十三年登陳循榜進士授工部主事洪熙元年進階承德郎封父玉如其官母陳氏妻蔣氏為安人宣德二年陞本部郎中改山西按察司僉事提督學校兼管勸課農桑出巡卒于蒲州扶柩歸塟

勅命四道見製詞類

謝璘字彦珪鳳壇鄉人永樂十三年登陳循榜進士授刑部山西司主事陞兵部郎中有本身

誥命及封贈父母妻室共五道見製詞類碑記見文章類

周禮字本敬上容鄉人永樂十六年登李琪榜進士初

授陝西
韓府奉祀王重其老成有德保陞本府長史因次子綱選
充儀賓改除江西建昌府同知廉靜寡欲導民為善
景泰五年以禮致仕天順六年
詔進階一級壽九十終于家
張銘字士功坊郭人永樂十六年登李淇榜進士授行
人司行人有才能善吟咏使於四方人多称之陞户
部江西司員外郎改刑部四川司員外郎聽斷明允
獄無寃滯以疾卒于官
誥命五道見製詞類

徐晉字善明坊郭人永樂二十二年登邢寬榜進士授河間府青縣知縣復除江西廣信府弋陽縣知縣質直好義與世多忤惟撫民興學甚得其道

張諫字孟獬坊郭人正統四年登施槃榜進士授行人司行人陞福建道監察御史景泰二年
勅進階文林郎封父逸如其官贈母孫氏妻王氏封繼室沈氏皆爲孺人四年丁父憂廬於墓側産靈芝數莖服闋提督北直隷學校歷陞河南按察司副使順天府府尹成化二年出守萊州四年進爲太僕寺卿七年以疾卒于官訃

聞遣官塋祭　勑命諭祭文神道碑俱見製詞文章類

張紳字仲書崇德鄉人正統十年登商輅榜進士授行
人司行人陞南京雲南道監察御史清理屯田處置
有方
奏立屯田則例至今奉　行淵考受
勑命封父以寬如其官母周氏妻許氏為孺人景泰六年陞陝
西按察司僉事時達賊犯邊給饋軍餉安撫邊氓有
功受
誥進階奉政大夫陞布政司參政後丁母憂改山東布政司參
政峻潔敢為上下推服

勅命四道見製詞類

曹景字廷璋承仙鄉人景泰二年登柯潛榜進士授福建道監察御史執政嚴肅治獄明允剛直不阿於

時景泰六年

推恩封父琛如其官母高氏贈妻孔氏封繼室龍氏皆為孺人

天順元年陞福建僉事成化七年陞雲南副使十年帰老于家

勅命五道見製詞類

曹宏句容鄉人天順八年登彭教榜進士任福建道監察御史陞陝西按察司副使

蔣誼琅琊鄉人成化二年登羅倫榜進士授杭州府推官改紹興金華二府陞南京河南道監察御史卒于官

戴仁字以德臨泉鄉人成化二年登羅倫榜進士授太常寺博士陞山西道監察御史奉
勅提督北直隸學校有德其出處事實俱載墓道碑銘

許暠字宗寅坊郭人成化五年登張昇榜進士任貴溪縣知縣爲事勇敢不畏權貴爲士君子嘆賞

曹瀾字文淵承仙鄉人成化十一年登謝遷榜進士任奉化縣知縣行政公平仁恕作興學校陞寧海州知州

湯鼐字用之福祚鄉人成化十一年登謝遷榜進士授

行人司行人陞廣西道監察御史後改廣東道剛直
敢言二十三年卒
勑命進階文林郎　勑命一道見文章類

吳存華崇德鄉人成化十七年登王華榜進士除户部
主事持身端謹處事縝密弘治四年陞南京兵部車
駕司員外

倪綱字三正承仙鄉人成化二十年中春秋會魁登李
旻榜進士授行人司行人秉性剛直行事果敢

高平移風鄉人成化二十年登李旻榜進士除山東濟
南府淄川縣知縣律已廉能行事通敏

趙欽字思敬琅琊鄉人弘治三年登錢福榜進士

楊鉞字威之琅琊鄉人弘治三年登錢福榜進士任江西廬陵縣知縣

鄉舉

宋張傑移風鄉人中紹興二年鄉試
江通道字達夫坊郭人中建炎三年鄉試
徐雷煥政仁鄉人中淳祐十二年解元
徐龍伸政仁鄉人中寶祐三年鄉試
徐肖翁政仁鄉人雷煥之子中咸淳三年鄉試
張志杞移風鄉人中咸淳六年鄉試
元陳兹茅山鄉人中大德元年鄉試宋翰林待制陳九思之孫任湖廣衡山縣教諭
江鎮字子固坊郭人中至大二年鄉試

戴應麟承仙鄉人中至大元年鄉試管領建康等處哈
喇赤等户提領叅牘

國朝

嚴篪坊郭人中洪武二十九年鄉試任福建永春縣儒
學訓導

王鼎琅琊鄉人中永樂元年鄉試任山西解州儒學訓導

陳壽鳳壇鄉人中永樂元年鄉試任江西南康縣儒學
訓導

尹鑑秦蘇鄉人由　永樂元年鄉試任真定府元氏縣儒
學訓導

張逵移風鄉人中永樂三年鄉試任福建道監察御史

王原通得鄉人中永樂三年鄉試

巫泰鳳壇鄉人中永樂九年鄉試任廣東廣州府檢校

吳謙茅山鄉人中永樂九年鄉試任山東兖州府通判

陳遜字克讓坊郭人中永樂九年鄉試任廣東雷州府同知

曹進字朝陽坊郭人中永樂十五年鄉試任江西清江縣學訓導調四川重慶府巴縣學訓導陞大名府南樂縣教諭教有法程人多造就生徒感德久而不忘

胡諒字伯貞坊郭人中永樂十八年鄉試任河南汲縣

儒學訓導

王煥字文輝崇德鄉人中永樂十八年鄉試任真定府

晉州學正

朱珉字德潤瑯琊鄉人中宣德元年鄉試任山東沂州

學正綽有學行善教生徒少傳楊溥薦陞湖廣荊門

州知州後以疾致仕

劉骵字克夫坊郭人中宣德元年鄉試任河南上蔡縣

儒學訓導陞遂平縣學教諭

潘延字子陵鳳壇鄉人中宣德元年詩經魁除南京大

理寺評事陞南京大僕寺寺丞以礼致仕有評事

勑命及封贈父母妻子共五道見製詞類

李質字守文坊郭人中正統三年鄉試任河南汝陽縣儒學教諭

嚴純字惟一坊郭人中正統九年鄉試任河南汝州學正

王永寧字世安崇德鄉人中正統九年鄉試除河南許州學正稟性剛直立教詳明後以滿考選任趙府紀善尋調保定府經歷卒于官

居輔字相之坊郭人中正統十二年鄉試任四川重慶府通判復除山東青州府通判遇虜擾搶固守無虞歲歉民飢賑濟有方兩郡民皆德之以疾卒于官祭

酒劉宣撰墓碑

華禎字廷瑞坊郭人中景泰元年鄉試任浙江温州府泰順縣儒學訓導尋復除陝西會寧縣學訓導卒于官

王韶字思舜移風鄉人中景泰元年鄉試任湖廣黄州府蘄州同知因次子陵選為儀賓改四川重慶府合州持身端謹行政平易歷官兩郡民皆戴德暮年歸老于家詩酒自樂飄然忘其世慮故别號歸閑道人

孔彥綸字朝音福祚鄉人中景泰元年鄉試任浙江台州府通判

勑進階承德郎贈父孔安文如其官母王氏為安人封繼母李

氏妻周氏為安人居官公平廉恕勤敏篤實憲司屢
加奬勸未及擢用遽以疾卒浙人至今称之
包文學字崇儒上容鄉人中景泰元年鄉試任湖廣歸
州知州公平廉恕綽有政聲成化十二年陞江西饒
州府同知卒于官
王紱字仲章鳳壇鄉人中景泰四年鄉試任浙江桐鄉
縣儒學教諭為人重厚質實存心以不欺為本後除
嘉善縣儒學教諭兩邑生徒感德不忘
高清字本澄來蘇鄉人中景泰四年鄉試任四川漢州
知州守已公正行事敏捷吏民皆敬服之後以疾卒

于官

姚寍字彥清上容鄉人中景泰四年鄉試任長蘆塩運司運判天資明敏性度坦率居官以勤廉自持以疾卒于官

蘇潤字廷玉瑯琊鄉人中景泰七年鄉試任四川安岳縣知縣存心公恕莅政勤慎歸老于家以疾卒致仕同知王韶銘其墓

高諤字士傑移風鄉人中景泰七年鄉試任四川温江縣知縣公勤有為廉介不阿憲司屢加奬勞以疾卒于官致仕叅政張紳銘其墓

石堅字志剛坊郭人中天順三年順天府鄉試六年會試卒于回祿

徐玉字琢之政仁鄉人中天順三年鄉試以疾卒于家

胡漢字朝宗坊郭人中天順六年鄉試任陜西澄城縣教諭精於經學善詩文曾聘順天府鄉試考官歸老于家性坦易甘淡薄遠近士多從之著述有良常集

李澄字文淵瑯琊鄉人中天順六年鄉試任浙江蘭溪縣訓導陞山東鉅野縣儒學教諭兩聘順天河南考官

王璿字宗璣承仙鄉人中成化元年鄉試任江西萍鄉縣知縣處已謙勤臨民簡易修舉廢墜罔不盡心後

告疾還家弘治四年卒

淩傅字汝弼崇德鄉人中成化七年鄉試任浙江象山縣知縣興學育材節用愛民築隄障水民遂粒食以疾卒于官百姓哀慟如失所親立祠肖像祀之平生端重寡言笑博學强記長於詩文有鳴蟬象山藁若干卷藏于家侍郎劉宣銘其墓

孫傑字君佐縣之坊郭人成化十年鄉試任四川成都府華易縣儒學訓導九年考滿選任四川順慶府潼川州渠縣知縣

李永亨字天衢坊郭人中成化十三年鄉試

張愢字志仁坊郭人中成化十六年鄉試
居軫字進之坊郭人中成化十九年鄉試
徐欽字承之政仁鄉人中成化二十二年鄉試詩經魁
魯鉞字宗威福祚鄉人中弘治二年鄉試

歲貢

洪深本縣人洪武十九年貢任京畿道監察御史

陳彝本縣人洪武二十年貢

湯恭本縣人洪武二十一年貢

張經政仁鄉人洪武二十四年貢歷官至浙江按察司

僉事

潘振坊郭人洪武二十六年貢任河南開封府睢州學

正卒于官

周廸本縣人洪武二十七年貢歷官至兵部郎中

王敏本縣人洪武二十八年貢任四川成都府威州判官

李鐸本縣人洪武二十九年貢

陳錡本縣人洪武三十年貢

湯宝福祚鄉人洪武三十二年貢任湖廣沔陽州知州

劉僎本縣人永樂元年貢

陳申坊郭人永樂三年貢任浙江定海衛經歷

許安本縣人永樂四年貢任廣東按察司僉事

巫潤来蘇鄉人永樂五年貢任山西平陽府解州芮城縣知縣

吴禧本縣人永樂六年貢任湖廣黃州府蘄州知州

嚴信仁信鄉人永樂七年貢任監察御史陞苑馬寺少卿

胡潤本縣人永樂十年貢

王榮本縣人永樂十一年貢任順天府武清縣知縣

徐豫本縣人永樂十二年貢

樊繼字景昭坊郭人永樂十三年貢任江西南康教諭
自幼篤學敦尚古道至南康勤於啓迪於勢利紛華淡
然無所欲與諸生講學一以聖賢期之少保楊士奇
薦陞湖廣興國州知州毀淫祠崇正學以德化民至
於成俗嘗築隄障水以利民有虎為患禱於城隍兩
虎自鬬而死正統間致政郡人思慕不忘立去思亭
德政碑號其所築之隄曰樊公隄肖像祀之

周順字從理上容鄉人永樂十四年貢任湖廣沔陽州
州判才長有治聲與樊繼並稱於時
陳順本縣人永樂十五年貢
胡定本縣人永樂十六年貢任義勇中衛經歷
武傑本縣人永樂十七年貢
包輝本縣人永樂十八年
許懋坊郭人永樂十九年貢任廣東東莞縣知縣
王哲本縣人永樂二十二年貢
張亨坊郭人宣德五年貢
江渺坊郭人宣德六年貢

孔誂坊郭人宣德七年貢任廣東廣州府永豐縣知縣

楊敏坊郭人宣德八年貢任浙江嘉興府秀水縣知縣

嚴旭坊郭人宣德九年貢任湖廣漢陽府經歷

倪曆本縣人宣德十年貢任浙江嚴州府桐廬縣知縣

吴琰本縣人正統二年貢任浙江湖州府長興縣儒學
訓導

蔡澄字宗濂政仁鄉人正統四年貢任浙江海寧縣訓
導陞金華府武義縣教諭

王賓字仲觀承仙鄉人正統七年貢任江西南昌府通判

茅容字仲儀茅山鄉人正統九年貢

陳福字天錫坊郭人正統十一年貢任直隸永平府通判
强和字得中上容鄉人性剛方好吟咏正統十二年貢
任江西饒州府守禦千户所吏目
樊諒字友諒來蘇鄉人質直好義善規人過失正統十
二年貢任順天府東安縣知縣
劉惠字仲仁坊郭人正統十四年貢任浙江杭州府餘
杭縣縣丞
周良字得賢茅山鄉人景泰二年貢任浙江嘉興府嘉
善縣縣丞
張昇字公順福祚鄉人景泰五年貢任四川叙州府南

溪縣知縣剛正廉能以軌一忤人告歸邑民思慕立

德政碑頌之

曹瓏字廷昭承仙鄉人景泰七年貢任山東兖州府泗

水縣知縣致仕卒于家

王鐸字文振上容鄉人天順六年貢任江西建昌府南

豐縣儒學教諭陞南康府儒學教授卒于官

吕靈字德崇移風鄉人天順六年貢任湖廣長沙衛經

歷卒于家

孫琦字朝瑞句容鄉人天順六年貢任北直隸任縣儒

學訓導

王驄字至善崇德鄉人天順六年貢任湖廣湘潭縣主簿
經締字守文臨泉鄉人天順六年貢任四川潼川州蓬
溪縣知縣
笪縉字縉紳望仙鄉人天順六年貢任山東平渡州儒
學訓導
陳泰字子達上容鄉人天順六年貢任河南柘城縣儒
學訓導
許潤字時雨承仙鄉人天順六年貢任浙江諸暨縣稅
課局大使
經文憲字廷式崇德鄉人天順六年貢任北京羽林左

衛經歷改陞四川昭化縣知縣

陳釗字居用瑯琊鄉人天順八年貢任四川眉州青神縣儒學訓導後除湖廣黃州府儒學訓導

陳鉞字良弼坊郭人成化二年貢任湖廣長沙府攸縣知縣勤謹和緩吏畏民懷弘治三年歸老于家攸人感德且送且祝有甘棠德澤流芳遠滚滚公侯到子孫之詩

陳璿字象器鳳壇鄉人成化四年貢任真定府冀州訓導卒于官

曹祖齡字永年坊郭人成化六年貢任福建建寧府甌

寧縣儒學訓導陞河間府青縣儒學教諭為人質實
靡華訓誨不倦兩學生徒多愛慕之
張悰字志顏坊郭人成化八年貢吏部聽選卒于家
吳觀字子瀾崇德鄉人成化十年貢任山東東昌府丘
縣儒學訓導
鄒綸字邦濟來蘇鄉人成化十二年貢卒于國子監
楊鼎字勉之崇德鄉人成化十四年貢任直隸廣平府
邯鄲儒學訓導
張緯字時裕坊郭人成化十八年貢任河南開封府儀
封縣儒學訓導好學善書樂於教育上司多推重之

許溁字景龍承仙鄉人成化二十年貢任江西饒州府
鄱陽縣儒學訓導
陶貴字天爵坊郭人成化二十二年貢任河南南陽府
光州儒學訓導
張瑾字仲璵坊郭人弘治元年貢志甘恬退不樂仕進
選部高其義援例授以紹興府經歷歸樂田園
孔相□字世澤坊郭人宣聖六十代孫弘治三年貢

吏員

姚理 縣之上容鄉人由吏員任金吾後衛經歷

端士良 縣之臨泉鄉人由吏員任河南開封府尉氏縣

縣丞

趙仲實 上容鄉人由吏員任江西贛州府雩都縣縣丞

丁永成 福祚鄉人由吏員任福建邵武府武縣主簿

龍惇 上容鄉人由吏員任湖廣平江縣縣丞

王弼 字君輔鳳壇鄉人永樂間任浙江錢塘縣丞職專撫民存心仁愛民賴以安且為人寬厚坦夷易於行義縉紳士夫多推重之壽終八十學士苗衷表其墓

倪俊縣之承仙鄉人由吏員任浙江湖州府長興縣縣丞居官有爲亦善教子綱以春秋中會試經魁

許敬字存禮福祚鄉人由吏員冠帶敦尚禮義嘗脩家譜以睦宗族將及擢用遽以疾卒

夏域上容鄉人由吏員任河間府肅寧縣縣丞

陳勗承仙鄉人由吏員授順天府張家灣宣課司大使九年考滿陞四川南充縣主簿

周順上容鄉人由吏員任四川成都府稅課司大使

紀玹任福建安遠寨巡檢　孫珉任福建安遠寨巡檢

王璉任兗州府滕縣典史　朱瞶任安丘縣稅課大使

隱逸

宋徐洪字德遠號德軒縣之政仁鄉人通五經皓首樂儒不求聞達翰林學士鄧光薦撰墓道碑見文章類

周信庵縣之上容鄉人篤學能文耽於吟味景定間累辟不就築室買田於白溪之上且耕且讀教授子姪一以孝弟忠信為本嘗自題其像曰信庵年生七十二經過庚子乙亥春庚子年赤地千里人食草木乙亥年兵師南渡自權自力承家業榮辱無驚樂太真吾歸去別鄉親平生朴直坦夷人令朝倚杖逍遥處風月無邊碧草新

朱南強字德方號東溪又號老黙䣛縣之來蘇鄉人多學善屬文爲太學生有聲塲屋遭丁元季隱居不仕以德化鄉里多所信服歲大飢人不聊生爲粥以食之賴以全活者數千平生所作有黙䣛藁及殁王去疾銘其墓趙孟頫爲之書

元王德昇縣之句容鄉人多讀書有儒者風度舉[illegible]累辟不起嘗自贊云貌癯不清心和且平厖眉皓首白衣書生敬慎此身無毀無榮夫仁者壽中壽可名形其形神其神此東崗老子之燕居由申

侯蕃字仲垣縣之通德鄉人天質秀發讀書通六經大

義操文詞過人遯迹林泉徵辟累辭不就蹤跡不入城府人以龐德公比之

國朝

李源字克中號本泉縣之坊郭人明周易理數之學書畫尤精妙

國初以碩德徵辟不就素愛松竹梅別號三益居士無為張真人嘉其清逸嘗作書繪圖賦詩以贈厥後累召不起邑令朱彤周庸節每造其第咸禮重之

居仁字行恕縣之坊郭人學問該博德行老成模範鄉閭訓誨後進洪武初以儒碩

徵聘入　朝與之對弈喜動
天顔賜以內醞辭不就職歸隱于家闢軒面竹披經閱史以終
暮年回號聽萊故鄉人以聽萊先生稱之

湯禹賢坊郭人性孝友自幼綜理家務得父母懽心洪武中縣司以耆老有才幹欲薦用於時力辭不就惟讀書教授子弟晚搆小屋於祖塋之傍耕田以供歲祀暇則招集親朋觴咏為樂孫曆克嗣先業尤勤於幹蠱人皆賢之

胡照字善明縣之坊郭人天性潁敏讀書三數過即能暗誦同游皆推讓之出入衣冠肅然雖燕居亦無惰

容永樂四年
朝廷取人材縣尹李濟以公舉於南京懇以疾辭不就因
遂其高尚之志隱居吟樂以終身焉
張逷字伯安縣之坊郭人賦性不凡少隨兄謫戍赤水
讀書尚義事母盡孝兄沒與弟姪友愛尤篤年逾八
十每食必同案思故園丘隴必謀與之偕還教子諫
登進士第累官至太僕封福建道監察御史嘗主家
範合子姓千指同居內外斬然士大夫皆敬慕之以
為有古君子風烈
王諒字以誠縣之移風鄉人行純篤性孝友讀書窮理

不求祿仕惟樂善好施見義勇為晚年結屋朱塘臨流種竹棲遲於中觴咏自樂別號竹溪清隱嘗自題曰竹以勵吾操水以澄吾心取適在至理焉知古與令邑大夫嘉其賢每召鄉飲尊為大賓壽終八十尚書楊寧祭酒吳節為之贊尚寶宋懷銘其墓

胡璚字廷珎號雲窩縣之坊郭人性穎悟於諸子百家皆能精通尤善吟咏宣德間薦為醫學訓科不就惟杜門教授鄉閭子弟景泰甲戌與脩縣志平生所作有雲窩藁藏于家

王珉字宗潤號拙軒縣之承仙鄉人賦性溫純持身謹

恪平居克盡孝友親喪極力營葬一遵家禮弟璠令
萍鄉每以清慎勤囑之處鄉里公直是非不白者必
以理諭無不信服尤篤於問學好吟咏於地理星命
之術亦究心焉享壽八十膺冠帶以榮終身
周濬字惟深號一松縣之上容鄉人質實無偽慎與人
交接一切勢利不經于心惟嗜讀書善屬詩文平生
足跡不入城市雖親隣非婚喪不往縣大夫知其賢
常過訪於家屢聘鄉飲懇辭不赴鄉之子弟多遊學
於門下遠近不名咸以老先生稱安成潘道本嘗傳
其事年踰八十精健如壯手不釋卷成化二十三年

膺冠帶以榮終身

朱景成字一真縣之承仙鄉人簡重好學不求聞達教子孫以耕讀爲業飲酒微醺輒歌咏自娱徜徉於四平山中若與世絶號四平居士嘗自題甘隱卷曰世事茫茫百不關白雲爭似此身閑冰絃暮夜溪頭月蠟屐春風雨後山數畝秫田供税賦四簷茅屋遠塵寰朝朝𥇦足三竿日肯信蓬萊在世閒

義門附義民

元王榮縣之移風鄉人五世同居長幼和睦庭無閒言鄉里歲飢輒出粟賑濟賴以存没者嘗百五人捨棺殯

歟八十七八卒年八十三其日崙山震響人皆稱爲
孝義所感延祐二年本縣以
聞江浙省行下
旌表門閭
國朝
戴曆縣之臨泉鄉人封太常博士自高祖谷安至孫戴
瀚七世同居長幼雍睦内外協和本縣勘實申巡按
監察御史何悦奏
准成化十七年奉禮部雲字五百九十五號勘合照例
旌表

凌泮崇德鄉人自曾祖凌春至孫凌讓六世同居長幼
二百餘口義氣藹然略無間言婚喪悉遵文公家禮
子孫無敢私蓄財物及私作飲食者又能輕財仗義
賙貧恤匱凡遇儒學橋梁脩造一皆倡始出金以助
未嘗有吝色與兄溥姪倧咸以出粟賑濟受
朝廷冠帶府縣屢以羊酒奬勸已行奏
聞旌表

義民

宋高志崇句容鄉人讀書尚義歲飢輒發粟賑濟鄉里自
縣治東北至鎮江府山石磽确行者病之志崇倡率

衆力鑿為通衢於山澗断行處造數十橋以便徒輿至今鎮江一路行者無傒病焉漫塘劉宰曰其所居里號曰咸和居士

元王華榮之弟樂善好施值歲凶與榮協心出粟賑濟貧乏死不能葬婚不能娶者皆傾囊相助平居與榮優游歲時白首相處無所間隙人皆稱之曰王氏兄弟不忝義門也

國朝

戴谷安臨泉鄉人群從兄弟一十二人協氣雍和若出一母同爨二千餘指正統六年出粟一千一十石賑

飢本縣奏
閭旌表門閭景泰四年出粟一千二百石加以冠帶
笪均祥望仙鄉人輕財重義正統六年出粟一千石本
縣奏
閭旌表其門
孔彥懋福祚鄉人宣聖五十九代孫慨慷尚義里有貧
乏樂然周卹景泰間赴通州納米三百五十石以備
軍需
賜冠帶終身
麦溥崇德鄉人兄弟九人同居曰淵曰沂曰潭曰渭曰

洛曰淮曰泮曰滔皆坦易無忮求合子姓千餘指共
爨無間言屢鄉隣一以義讓景泰間出粟一千二百
石以賑歲荒
賜冠帶終身
唐得全句容鄉人仗義好施正統六年出粟一千二百
石景泰四年出穀二千六百石本縣奏
聞旌表其門更加冠帶以榮終身
趙慎望仙鄉人景泰間燕民大飢奏
例出粟四百石赴本處官司交納以備賑濟給冠帶終身
孫友忠句容鄉人

朱演來蘇鄉人正統九年各出穀二千五十石以賑飢
民本縣奏
聞同受冠帶之榮

孝子

唐張常洧字巨川句容鄉人高祖伯卿曾祖元紹並抗志
不仕祖處靜烏程令父瑋建州司户常洧瑋第四子
也建中四年父歿廬墓三年墓側産瑞芝十二莖太
守樊泌奏
准旌表太和六年姪孫公挺亦以孝聞時人謂張氏孝傳三世
可革俗矣公挺兄公琭以經學著名縣令李哲有記

見文章類

宋張孝友移風鄉人讀書不樂於仕事父母能色養處兄弟尤篤友愛親歿廬墓六年嘗有五色鳥来集墓樹人以爲祥平居以德化人鄉俗爲之一變縣令張侶欲舉旌表因卒遂止題其墓曰張孝子墓

元樊淵字浩翁来蘇鄉人好學善詩幼失父事母至孝至元十二年奉母避兵茅山兵至欲殺之見其抱母號哭遂釋三十年廉訪司徵爲吏母亡哀毀骨立皇慶二年以孝廉旌表門閭後爲清遠縣簿改廣東宣慰司照磨有碑記見文章類

錢浩翁來蘇鄉人幼孤能奉養其母至元乙亥有妹膺於北軍母痛念不置浩翁爲之遍訪大德庚子得諸萊州時妹喪夫不果歸明年復往請省于母時母年已八十三矣見之大喜隣里皆賀又十年母殁浩翁年七十終喪不御酒肉不脱巾絰隣里狀其孝行申之於縣乞奏旌表會卒遂寢其事樊淵哭之有詩見題詠類

國朝

唐保八崇德鄉人性至孝幼喪母力穡以養繼母朱氏得父之懽心父殁奉繼母益孝嘗值歲凶白金一兩

僅易米數升保入盤所有得米以供其母而與妻子
啖草茹取充腸而已有子方二歲朱氏減食哺之保
入慮不能兼濟棄子於池中妻往救之得存後回鋤
地得窖錢三斗舉家頼以活命時人號以唐郭巨云

徐欽政仁鄉人家世業儒自幼讀書即以古人自期待
落筆為文語意不凡故人知欽者亦以遠大期之充
儒學生員中成化丙午本府鄉試第四人天性孝成
化五年九月內　母虞氏病故欽哀毀幾絶不御酒肉
廬墓三年如喪　母時本縣申達本府奏
聞奉禮部雲字伍百拾柒號勘合到府委官親詣廬墓處所勘

賓阳申本部未蒙

旌表

戎憲坊郭人幼喪母事父哲孝每食必問所欲旦夕定省不違疾則憂形于色欲以身代景泰六年哲患痢甚劇憲焚香告天割左股肉和粥以進哲食之尋愈壽至八旬卒憲異居叔智及嬸皐氏無子迎養如己親人曰何厚如此憲曰叔吾父同氣薄之是薄吾父也事之不憐叔亦以壽終嬸今年七十餘本縣奏

聞未蒙

旌表象山知縣淩傳作傳　京闈魁徐欽有詩見文章題詠類

樊孝子上杭省左丞許公書

車同軌書同文生逢盛世臣止忠子止孝景慕大賢歡騰江浙之間喜躍林泉之下借鳴尾缶仰瀾鈞韶切惟自龍馬河圖卦畫泄先天之易而科斗文字典謨載上古之書以至詩書禮春秋六經之道備矣其間紀綱法度歷代之制坦然及觀西漢文章猶近古人體製既趨而下寖失其真或淪於浇漓而無玄酒大羹之醇或工於篆刻而乏璞玉渾金之質邪説行而正理裂異端起而大義乖啓我昌期實惟先哲道將行也文在茲手䕶四書既晦之餘重新宇宙發干

載不傳之秘默契聖賢有統有宗曾在先鄒在後先知先覺許生北朱生南一以貫之無以異也行雷霆鼓聾瞶揭日月燭晦冥上接往古下貽方來內備全體外周大用豈止頡頏七十二賢之冠佩又將扶植百千萬世之綱常不墜斯文克昌厥後恭惟
先生秀鍾河岳望重斗山道揆法守之表儀君子長者之器宇乾坤間氣父子一家儒出儒門相傳相業胄中色線補南面之衮衣膝下綵衣娛北堂之華髮進退可度仕學俱優節用愛人使民何須論語半部正心修身治國自有大學一章源之深者其流長嘗

之沃者其光燁曩居憲府已馳冰蘖之声及寀三司又試鹽梅之手星臨左輔天惠南州昔者舊學廿盤今身太平姬旦美教化移風俗洽政治潤生民長江臣海之濱劒刀牛犢瘴雨蛮烟之地燈火詩書茅拔彙征籟鳴機動所以帝布之士顒瞻舄履之光伏念淵早違嚴訓惟日侍於庭闈未能奉潘毋之輿門亦捧毛生之檄或咲其非吏咲其非隱柰時予為養時乎為貧將諧菽水之懽遽罹風木之戚幾年廬墓死亦如生亡亦如存十口累人仰何以事俯何以畜初非矯俗以要譽不過安命以守常敢期踈賤姓名偶

玷孝廉旌表心懷感激顔厚忸怩雨露之澤不垂松楸改色雲漢之章昭布蓬蓽生輝何以得此声梁楚間哉必有致吾堯舜之上者清風黄閤詎啻吹上青天青壁丹崖每恨寅緣無地自是造化不言之妙豈謂陽春有脚而来一瓣香為曽南豊蔵之久矣萬頃陂遇黄叔度帰斯受之渺渺兮予懷冉冉其将慕着必歛華就實當知復命帰根報徳劬勞巳難遂泣笋卧氷之養田光衣被第常懷啣環結草之思淵不敏不勝戰慄之至

余官句容政暇訪閲前人遺墨問得樊泮翁上許魯

坐書一通與理深辭謹之三復起敬蓋以曾爲一代
名儒而浩翁又容之孝子當紀之不忘遂命工續書
於邑志亦高山景仰之意歟浩翁名淵吳公後有傳

晉陽杜興書用謙識

順孫

曹洵字文澤承仙鄉人吏部尚書義之孫性明敏早失父隨母張氏適甚哀人見其幼未識父而知痛可謂天性孝也祖母夫人四子俱逝嘗誘洵曰汝長成我死當服喪三年洵曰無為是言願百歲壽庶得盡養人異之曰幼不知承繼之制而有承繼之心亦天性也甫成人以大臣裔例入太學明經待用因憂祖母成疾即告歸侍養授以散官承顏悅色委曲盡孝深得祖母懽心祖母卒哀毀踰禮葬祭悉遵古儀居喪三年哀毀之情不已鄉人皆以順孫稱之

義士

張觀字穀賓坊郎人性孝與弟謙篤友愛園産嘉瓜獻
上人以為孝感所致洪武中邑人有與謙同姓名者坐事自經
有司誣執繫京獄觀上訴不白俱死謙臨刑曰我被
誣命也柰何及兄觀正色曰隣里有急尚且赴救兄
拯弟雖死何憾焉觀者為之洒泣親隣義而哀之合
葬于邑南稱為義壟焉

張文禮張文德坊郭人兄弟一乳而生孩齡絡稚言貌
皆相類兆家親熟視之人莫能辯及其長也雍容友
愛始終如一曾無間言鄉里靡不欽敬咸以和義翁

稱之因扁其堂曰尚義文禮卒文德悲痛不食尋卒
卒之時謂子姪曰我死當與兄同窆即以合葬共生
一十二子俱成立有曰銘者中永樂戊戌進士授行
人陞員外郎翰林侍詔潘若水撰尚義堂記
居安字處謐居莊字處端坊郭人讀書明理亟已治家
朝夕怡怡無幾微不合人以二難稱之處謐甞語處
端曰人家兄弟分財異居多由異姓所惑吾與汝碩
保終始至死亦當同穴弟曰諾復戒諸子曰吾兄弟
相處無失爾曹共見死當合葬處謐卒九年處端亦
卒子從其命合葬題曰難兄難弟之墓尚書楊寧為

之銘處謚處端皆善教子曰輔曰彰俱中鄉試

許閏字尚義號怡然坊郭人唐叔牙之裔性寬厚有威儀讀書好義有借貸者應之不立券乾没不還者亦不較常設酒燕鄉鄙有德者號耆英會雖傾囊不吝人以義士稱之御史方岳有贊

凌渭字永通崇德鄉人讀書知禮義性孝友年十四失父哀毀骨立處兄弟極愛敬弟洛字永濡與之同爨於沐怡愉無間言洛亦敬事如父衣食必加厚之渭常推讓不居人皆稱賞以爲兄弟如凌氏者少矣念二親早逝作堂扁著存二字以寓孝思平生周人之

急有不能婚喪者助之不吝嘗遇老嫗爲官租泣諸塗即以白金代輸與數商同舟舟溺獨渭貨無恙輒分於衆畧無難色士大夫咸推重之年六十一卒於汴按察司副使里人張林撰墓碑銘見文章類

周禧上容鄉後白橋人天性孝友習尚禮義或見其無子勸以娶妾禧曰吾兄有子吾何妾爲天順壬午自汴還有溺人順流舟傍急援入舟中灌以米飲乃甦詢知爲漁婦遂送舟數十里訪還其家成化丙戌偶京邸拾白金十斤翌日客有謝聚泣至失所尋之禧審其實悉出以還分毫不受所酬又嘗商閩有誤與

貨價十两者禧覺亦追而還之其平生存心行事率類此後以疾卒妻劉氏亦自誓不再嫁致仕叅政張紳傳其事象山知縣淩傅銘其墓

節婦

宋李氏移風鄉王友筠妻年二十一歲友筠卒有子方適歲父母勸令改嫁李氏剪髪自誓寧死不更二夫淳祐間奏聞旌表門閭

元王氏句容鄉曹裕興母夫亡守節子幼家貧事姑克盡其孝皇慶元年部擬旌表門閭

于闐氏江淮等處行中書省平章政事阿里別之女贈

榮祿大夫大司徒上柱國容國公帖木兒普化之妻
侍御史阿魯忽都之母大德丙午歲帖木兒普化任
建康廬州饒州牧馬户達魯花赤卒於溧水于氏居
喪執禮以儉率下家能完居詔旌表其門卒贈容國
夫人葬上容鄉佽山之陽虞集奉勅題其墓

王氏坊郭張進甫之妻進甫沒王年二十八子文聰在
襁褓育以成立終身守節不移壽九十而卒

張氏名守貞陰有光妻年十五歸有光六年先亡哭以
死誓父母迎歸許嫁尹子張知即自刎明日姑至復
甦告曰不幸至此毋以新婦為念言既乃死

國朝

倪氏坊郭張謙妻謙坐誣與兄觀同死謙無子觀子達謫戍崇山倪與謙姊孀婦全一奉母姑同至軍中雖顛沛以禮自防達死弟逸調赤水全倪不憚險遠扶持以往數十年閭門肅然倪氏年七十有四全一八十有三而終逸子孫祔全一於其家廟

譚氏坊郭張達妻年三十一達征猓肇死撫二子麒麟隨達弟逸往赤水終養其姑育二子成壽六十六終

許氏福祚鄉孔士傑妻年十八士傑卒居喪五月生子居敬撫育成人養舅姑終守節三十六年洪武中

旌表其門

王氏崇德鄉萬壽春妻年十七歸春方四月春卒王氏頤終養舅姑不嫁姑以長子壽山男弘毅爲嗣撫愛成人守節四十五年年六十二洪武壬申

旌表其門

石氏朱約妻年二十四歸于朱約甫一歲約病風軟石侍奉湯藥三年約卒無子遺命育弟之子爲嗣以至成立家得完固洪武中

旌表其門進士趙仲衡作傳見文章類

周氏坊郭張德清妻年二十五清以疾卒子敏甫二歲

周氏苦節孝養舅姑育子成立寡居二十八年奏

聞旌表門閭鄭叔美有詩見題詠類

鄧氏笪原善妻年十八歸笪氏未朞善卒服除三年剪髮誓死不嫁辛苦五十餘年以成原善家業永樂初

旌表門閭

魏氏渠仙鄉陳儀之妻年二十六儀亡鬻衣殯葬竭盡心力甘貧苦節撫育三子皆至成立奏

聞旌表門閭

曹孝婦經氏承仙鄉曹均昂妻吏部尚書義之母温柔和順恪遵婦道姑久病婦奉湯藥累年如一日家衰

勤女工以助衣食姑亡哀毀幾絶終身痛慕不忘宗
族以孝婦稱之有孝婦傳見文章類
王氏坊郭譚謙妻年二十六謙亡終身躬績紡以事舅
姑舅姑卒泣告親隣助喪具以葬守節五十年奏
聞旌表門閭御史張諫有傳見文章類
凌氏名愛貞字惟静句容鄉王玉之妻年二十二玉以
疾卒凌號痛屢絶終喪敬養其姑克盡孝道奉姑命
育兄子嗣宗繼祀迄今守節二十餘年未嘗出庭户
葛氏坊郭許宗庸妻年十九庸亡生子甫歲有女在娠
即自誓不嫁惟辛勤以固家業教子成立女亦適人

守節四十餘年年六十三閨門斬然

譚氏山西按察司僉事移風鄉高志繼室正統二年志以提學卒於蕭時譚年二十五生子詢甫五歲譚携之從前妻子詡扶柩還葬教詢敬事諸兄詡等有過必置志主于中堂命跪責之真不敢服守節五十年終子孫百口頼以合爨

楊氏舉人張恪妻年二十九恪卒楊奉養翁姑撫二女一從夫命居喪七月生遺腹子旭育養以至成立二女皆適人翁姑以壽終喪葬盡禮本縣奏

張氏承仙鄉曹㫚妻年十九㫚亡子洵甫十月貧禀怯
弱張恐莫能承嗣請命翁姑立㫚姪淇爲後撫育洵
淇俱至成立事翁姑以壽終孀居四十餘年本縣奏
聞未蒙旌表
王氏瑯琊鄉余泰妻年二十五泰卒王躬紡績以養其
姑育夫前妻遺女如所出姑卒喪葬盡禮以女歸里
楊氏本縣奏
聞未蒙旌表
高氏坊郭居韓妻年二十二生子文甫三歲韓客于山
東疾卒姪志歛棺歸葬高抱遺孤泣血幾死終喪奉

養舅姑壽終撫文成人孀居四十餘年本縣奏

聞未蒙旌表

徐氏坊郭樊庸妻年二十庸卒居喪五月生遺腹子永辛勤撫養成人奉養翁姑始終無倦意及終喪葬皆竭力為之孀居五十餘年本縣奏

聞未蒙旌表

壽官

朝廷屢頒

恩詔民年九十八十以上素為鄉里推重者給與冠帶以榮終身耄耋之年烏紗白髮優游晚景抑何幸歟故備録於志以見吾邑人皆脩德躋於壽域者多矣

朱克讓坊郭人質實無偽惟安本分自守成化十年以老壽榮膺冠帶每鄉飲必禮之為大賓壽一百零二歲終于家

張文美坊郭人德性純厚恬淡無欲成化二十三年冠帶有司鄉飲尊之為賓

張約字孟節坊郭人精通醫術存心濟利祖在中父與敬子世安累世業醫一門種德年壽八十以上榮膺冠帶而終

徐惠字本仁坊郭人性鯁直異流俗尚禮義有智識壯年侍叔善明守青邑擒獲賊贓不自有功後巡捕者皆得免罪陞職不勝戴德晚年表儀鄉黨無不敬服鄉飲請為上賓壽登八十冠帶以榮終身

楊埴字景榮坊郭人為人質朴讀書知大義居家友愛兄弟欲分異公力勸不從遂以産業盡讓與之輒自外居人甚義之壽八十冠帶以榮終身

魯慶榮坊郭人稟性純篤不事矯飾壽八十冠帶

隆大猷崇明寺僧戒行老成勤於焚脩膺壽冠帶

經文通上容鄉人操禀剛毅為鄉里司直以八十冠帶

已上壽官畧著其行其餘不及詳述姑查卷案列名于後

張林　徐邦美　趙燊　陳孟玉　姚文用

劉業廣　曹孟寧　項以弘　張時敏　江文義

潘景春　王克讓　屠昂之　張孟和　徐彬

徐膺　王文安　高仲賓　張蔡著　經士德

徐慶祥

義官

朝廷屢行
恩典省令有司勸民納粟以備賑濟給與冠帶以榮其身富有之士義冠愽帶光輝閭里抑何幸歟故備錄於志以見吾邑人皆尚義樂於賑貸者多矣

張孟淳孟輔坊郭人兄弟敬讓協心成家鄉鄙重其有德俱納粟賑邊以膺冠帶壽考令終

鄭紀政仁鄉人父本源俱好善樂施源精於醫道濟人不求報紀以納粟冠帶子瑚克嗣先服亦冠帶榮身

朱琳福祚鄉輕財仗義樂交士夫成化二年納粟冠帶

王理通德鄉為人倜儻不羈雅愛斯文成化二年冠帶

楊善道移風鄉純篤好善甘於淡薄成化二年冠帶

曹智承仙鄉重厚老成篤於教子成化二年冠帶

余全瑯琊鄉與子節俠義輕財人皆信重相繼冠帶

笪炫望仙鄉質實好義賑貸貧乏納粟冠帶

張銘福祚鄉勤儉起家以致巨富納粟冠帶

魯英福祚鄉質實以勤儉教子孫納粟冠帶

張恒坊郭人性淳厚好善承家業納粟冠帶

張可仁坊郭人繼二祖雙桂善醫子廷玉亦精先業
一門好義納粟冠帶

何用文句容鄉兄弟儉約自幼以義納粟冠帶

張瀾崇德鄉誠於處人鄉族皆信服其德納粟冠帶

淩倧崇德鄉為人真實家雖富深藏若虛與群從兄弟相處甚雍睦納粟冠帶

張賜政仁鄉性孝友善於幹蠱納粟冠帶

趙湘承仙鄉頗讀書尚義與姪玥皆冠帶

趙綸承仙鄉端重有容為人所敬以納粟冠帶

朱春承仙鄉能以禮接人賑濟貧乏納粟以膺冠帶

許鵬承仙鄉好義疎財喜於發大納粟冠帶

紀瑛政仁鄉屢賑飢荒立石冠帶

經文完上容鄉與兄文禮文綽文裕協力成家掌出白

金勛脩儒學納粟冠帶

史誠望仙鄉高年純篤鄉人推重孫用之納粟請給

冠帶榮廼終身

尚志福祚鄉讀書知義理能樹私家納粟冠帶

徐祥福祚鄉善於理財樂與士夫交游納粟冠帶

劉愷移風鄉質直好義急於濟人納粟冠帶

孔公銛福祚鄉宣聖五十八代孫剛直不阿納粟冠帶

鄒思圓來蘇鄉儉約不尚華靡納粟冠帶

鄒孟常來蘇鄉性疎散家富肯濟貧乏納粟冠帶

孔承林福祚鄉宣聖六十代孫積財能施納粟冠帶

李漢移風鄉處事公直為鄉里敬信納粟冠帶

丁能來蘇鄉質朴無偽納粟冠帶

王煦通德鄉慷慨不拘小節納粟冠帶

楊德章上容鄉積穀累萬鄉里皆得所濟納粟冠帶

鄒繼立來蘇鄉能以勤儉成家納粟冠帶

華昂坊郭人讀書好詩文父景德子用文皆以醫鳴

存心濟利納粟冠帶

嚴尚能坊郭人兄弟尚禮義純於友愛納粟冠帶

朱玹句容鄉篤實老成兄弟和睦納粟冠帶

江彥璽坊郭人家富饒勤于農商納粟冠帶
劉永讓坊郭人以醫鳴于時納粟冠帶
羅以昭坊郭人質朴尚儉約納粟冠帶
章英福祚鄉純篤不作智巧納粟冠帶
徐福崇德鄉善理家業兄弟雍和納粟冠帶
胡善崇德鄉性敏接人有儀納粟冠帶
胡叔義承仙鄉明於醫道尚義納粟冠帶
戴琬臨泉鄉坦直不尚阿佞能以義濟人納粟冠帶
王道通德鄉勤商儉以致富納粟冠帶
鄒思寬來蘇鄉朴素無求於人納粟冠帶

王聰崇德鄉儉朴立家直以處人納粟冠帶

錢本寧瑯琊鄉剛直不徇於人納粟冠帶

王華坊郭人勤於理家處鄉鄰以和納粟冠帶

盧廷吉本貫山東以商致饒裕占籍句容納粟冠帶

趙怡望仙鄉倜儻使義招延士夫館穀不倦納粟冠帶

戎永通坊郭人讀書明醫好義樂施納粟冠帶卒于家

汪敏謙來蘇鄉樂善好施周濟貧乏屢以粟賑濟立石冠帶病卒于家

已上義官畧各著其行其餘不及詳述姑查卷案列名于後

唐安句容鄉人　何用禮句容鄉人

歐陽昂移風鄉人　章杞移風鄉人

王永茂移風鄉人　胡興崇德鄉人

潘春崇德鄉人　成肅承仙鄉人

孫庸福祚鄉人　唐演上容鄉人

韓璽上容鄉人　李永正臨泉鄉人

端斌臨泉鄉人　劉俊通德鄉人

紀思榮望仙鄉人　紀鐫望仙鄉人

陳傑九望仙鄉人　華玘望仙鄉人

賫富移風鄉人

國朝

名醫

王聖俞本縣人能察壽脉　栢景常坊郭人善治傷寒

俞處恭龍潭人醫鳴京師　戎子儀坊郭人外科通神

李世安坊郭人接骨立效　何洪本坊郭人能治嬰兒

奇術

李本泉坊郭人精於課命　何秉常坊郭人靈於占

倪景成承仙鄉人善於風鑑　王駒兒瞽目人神於推筭

王狗兒名禎龍潭人熟於子平與王駒兒並稱於時

孔東昌青元觀道士精於符術祈禱亮應

能書

黄瑛字良潤號玉田縣之坊郭人洪武初以明經及字學進授應天府學教授自以天下興文教之始應天又首先之地益苦于學書法造詣精妙瑛子銓字衡可號金昂洪武間亦以字學選内翰時大臣議開溧水天生橋以銓為鄰封諳地勢遂陞簿溧水銓豪放門無請謁所至惟求詩字而已銓子中字永正號磨玷克繼父志有孝行工詩文書法永樂中進士童孟韶搜訪隱逸力辭不就中子敬字士賓號俟命少以嗣承家學自誓四壁蕭然未嘗有動於中惟工詩文

字學祭酒丘濬閲其書法扁曰黄氏世翰郎中楊榮題曰四代能書總右軍興来呑吐墨池雲九天風雨龍蛇動猶有文光耀子孫

善畫

周文矩句容人事李煜爲翰林待詔善畫行筆瘦硬戰掣有煜書法工道釋人物車馬樓觀山林泉石不墮吳曹之習自成一家獨士女近類周昉纖麗過之

郝澄字長源句容人作道釋人馬筆法精勁善設色尤工寫貌畫者必於形似往往乏神氣澄於形外獨得精神氣骨之妙故當時咸推重之

僊釋

展上公高辛時人定録君嘗言展先生昔學道於伏龍地植李彌滿所住之山先生今爲九宫右保司真嘗語諸仙云昔在華陽食白李味異美憶之未久忽已三千年矣

漢三茅君兄弟三人長諱盈字叔申次諱固字季偉次諱衷字思和咸陽南関人漢元帝時入句曲山學仙成道盈爲大司命君固爲定籙真君衷爲保命星君詳見茅山志

吳葛仙公名玄字孝先句容人嘗從吳主至溧州遇大風

船皆覆沒玄獨出水上而衣履不濕吳主異之為立洞玄觀於方山後白日昇舉今方山猶有玄煮藥鐺及樂臼

許邁字叔玄一名映丹陽句容人家世士族而邁少恬靜不慕仕進未弱冠嘗造郭璞璞為之筮遇泰上六爻發璞謂曰君元吉自天宜學道時南海太守鮑靚隱跡潛遁人莫之知邁乃往候之探其至要父母尚存未忍遠親謂餘杭懸霤山近延陵之茅山是洞庭西門潛通五嶽陳安世茅季偉常所游處於是立精舍於懸霤而往來茅山之洞室放絕世務以尋仙館

朔望時節還家定省而已父母既終乃遣婦孫氏還家携其同志徧游名山永和一年移入臨安西山登巖茹芝眇爾自得有終焉之志改名玄字遠遊與婦書告别又著詩十二首論神僊事王羲之造之未嘗不彌日忘歸相與為世外交自後莫測所終

宋楊義和名羲句容人幼而通靈與二許結神明之交博學工書為公府令興寧乙丑衆真降所居後乘雲駕鶴仙去云

桓闓事陶隱居於茅山華陽館執爨白常循行其道後乘白鶴翀舉又有李明長官避世不仕隱居句曲欝

岡山丹成升玄洲今舊迹存焉

國朝

岳壽山坊郭人風骨奇異落魄無羈性嗜酒醉後顛舞若不解人世者嘗為里中攢造黃冊及期莫措一字里正督之甚急一夜遂完隱跡而去但於筆管中窺見數字剖開乃留別家信人皆驚異始知其成仙也後鄉人每遇諸途

唐融禪師姓常本潤州延陵人年十九通經史從茅山吳法師落髮出家居石室中脩道虎鹿馴伏數有靈異唐貞觀中曰祖信禪師傳達磨心印知融可傳道遂

搜以法要號一代祖師

元雪村聚禪師姓劉本潤州金壇人博精儒典不落塵俗至正間入句容崇明寺觀音院禮法增爲師戒行孤高語言超邁說法講經不迷正理所著有雪村語錄狀元歐陽玄重其爲人寄以詩曰聞道淮南集佳峯黃金側布梵王宮星辰夜遶闌干外花雨晨分澡井中祖塔燈從天闕下僊巖水與海門通高人說法應無恙千里神交道味同

國朝

正果號天然溧陽人性純篤不妄言笑自幼禮南京鷄

鳴寺古心禪師誦佛氏書明心悟性了無俗累天順四年住持句容興教禪寺恪守清戒多為縉紳士夫所重長洲戴冠贈以詩曰語言行步甚從容七十高年面若童不妄不貪僧楷範無嗔無慾佛家風月明止水心源浄花落閑庭色相空欲識此身因果事重来石上問生公邑令太原張公尤異之嘗為作竹深處詩見題詠類

方伎

漢李南字孝山句容人少篤學明於風角和帝永元中太守馬稜坐盜賊事被徵當詣廷尉吏民不寧南特通

謁賀稜意有恨謂曰太守不德今當即罷而殆反相賀耶南曰旦有善風明日中時應有吉問故来稱慶旦日稜延望景晏以為無徵至晡乃有驛使齎詔書原停稜事南問其遅留之狀使者曰向度宛陵浦里旋馬蹶足是以不得速稜乃服焉後舉有道辟公府病不行終于家南女亦曉家術為由拳縣人妻晨詣爨室卒有暴風婦便上堂從姑求歸辭二親姑不許乃跪而泣曰家世傳術疾風卒起先吹竈突及井此禍為婦人主爨者妾將亡之應因著其亡日乃聽還家如期病卒

異行

葛祚字亢先句容人吴時作衡陽太守郡境有大槎横水能為妖怪百姓為之立廟行旅過必要禱祠槎乃沉沒不著槎浮則船為破壞祚將去官大具斧斤之屬將伐去之明日當至其夜廟保左右居民聞江中洶洶有人聲非常咸怪之旦往視槎移去沿流下数里駐於灣中自此行者無覆溺之患衡陽人美之為祚立碑以頌其威德異行

句容縣志卷之六